U0615911

中国文化遗产

ZHONGGUO WENHUA YICHAN

广西第四次
全国文物普查
基础知识

广西第四次全国文物普查领导小组办公室 / 编

广西科学技术出版社
·南宁·

图书在版编目（CIP）数据

广西第四次全国文物普查基础知识/广西第四次全国文物普查领导小组办公室编. -- 南宁：广西科学技术出版社，2024.11. --ISBN 978-7-5551-2354-5

Ⅰ. K872.67

中国国家版本馆 CIP 数据核字第 20246FL293 号

广西第四次全国文物普查基础知识

广西第四次全国文物普查领导小组办公室　编

责任编辑：何杏华　陈诗英　袁　虹　秦慧聪　　　助理编辑：黄玉洁

责任校对：夏晓雯　　　　　　　　　　　　　　　装帧设计：韦娇林

责任印制：陆　弟

出 版 人：岑　刚

出　　　版：广西科学技术出版社

社　　　址：广西南宁市东葛路 66 号　　　　　　邮政编码：530023

网　　　址：http://www.gxkjs.com

印　　　刷：广西民族印刷包装集团有限公司

开　　　本：787 mm×1092 mm　　1/16

字　　　数：274 千字　　　　　　　　　　　　印　　张：14

版　　　次：2024 年 11 月第 1 版

印　　　次：2024 年 11 月第 1 次印刷

书　　　号：ISBN 978-7-5551-2354-5

定　　　价：88.00 元

编委会

前　言

　　根据《国务院关于开展第四次全国文物普查的通知》要求，第四次全国文物普查从 2023 年 11 月开始，至 2026 年 6 月结束。为高质量完成文物普查各项工作任务，各普查队员应加强学习研究，掌握我区历史、考古、古建筑以及其他相关方面的业务知识，丰富自身知识储备，为有序有效开展第四次全国文物普查工作提供有力保障。

　　广西自然资源丰富，历史悠久，文化底蕴深厚，远至寒武纪就出现了三叶虫等生物，侏罗纪时恐龙的身影在林间隐现，各种陆生、水生动植物开始了漫长的演化过程，留下了扶绥县山圩镇上英屯、南宁市西乡塘区金陵镇大石村石火岭等恐龙化石点。

　　距今 80 万年的旧石器时代，古人类已在百色盆地一带活动，他们掌握了制造手斧、砍砸器等石器的成熟技术，留下了田东高岭坡遗址、田阳那赖遗址等；广西岩溶发育，洞穴众多，成为古人类栖身的地方，为寻找古人类化石提供了线索，在距今 10 万年左右的崇左木榄山智人洞遗址、距今 3 万年左右的柳江人遗址等发现的化石成为研究现代人演化的重要材料。

　　距今 1 万年左右开始进入新石器时代，而从旧石器时代进入新石器时代的过渡阶段，在广西的洞穴遗址中保留了独特的文化内涵，如出现打制石器、细石器共存的现象，如隆安娅怀洞、柳州白莲洞等遗址。陶器、磨制石器及农业的出现成为进入新石器时代的标志，众多的河流两岸、台地、洞穴出现了大量的人类活动遗址，早期人类充分利用大自然的丰富资源过上了一种以渔猎采集为主的生活，到了中后期原始农业逐渐出现并日趋发展。这一时期的主要遗址有桂林甑皮岩遗址、邕宁顶蛳山遗址、百色革新桥遗址、资源晓锦遗址等。距今 5000 年左右，文明的曙光开始显现，隆安大龙潭石铲遗址出现

祭祀遗存。经过系统发掘的重要遗址奠定了广西史前文化研究的基础，构建了新石器时代发展序列和时空框架。

先秦时期，广西属百越之地。进入了文明时期的广西创造、产生了独特的青铜文化，同时也受到周边的中原文化、楚文化、吴越文化等的影响。这一时期的考古工作成果主要为陆续发现和发掘一批墓葬和遗址，如武鸣元龙坡墓群、平乐银山岭战国墓群、南宁弄山岩洞葬等。

秦汉时期，随着国家的大一统，广西的经济、文化得到进一步发展，在合浦、贵港、桂林、梧州等地发现大量汉墓和秦汉城址，如合浦汉墓群、贵港汉墓群、兴安秦城遗址、武宣勒马秦汉城址等。

唐宋时期及之后，大量的窑址不断出现，如藤县中和窑址、北流岭垌窑址、永福窑田岭窑址等，生产大量精美瓷器，用于进行对外贸易。

进入近现代后，经历了波澜壮阔的农民运动、革命运动，如太平天国运动，刘永福和冯子材领导的抗法战争，邓小平等领导的百色起义、龙州起义，留下了桂平太平军总部旧址，刘永福、冯子材旧居建筑群，中国工农红军第七军、第八军军部旧址等。1949 年中华人民共和国成立后，各行各业的成就同样保留下了众多的宝贵文化遗产。

同时，在红土地上和谐相处的壮、汉、瑶、苗、侗、仫佬、毛南、回、京、彝、水、仡佬等民族，创造和保存了极具特色的民族文化，民族村寨、客家围屋等建筑反映了各民族的智慧。

面对如此丰富、种类繁多的文化遗产，做好调查、发现、登记、研究等工作是我们每一名普查队员的责任和义务，希望本书能为全区的普查队员提供有益帮助，确保第四次全国文物普查各项既定任务顺利完成。

目 录

第一章
广西概况

第一节 区情基本概况

广西位于我国南部，地理坐标自西到东为东经 104° 26′ 48″ ～ 112° 03′ 24″，自南到北为北纬 20° 54′ 09″ ～ 26° 23′ 19″。广西与周边的广东、湖南、贵州、云南接壤，西南面与越南交界，南面濒临北部湾。

广西地处低纬度亚热带地区，南濒热带海洋，西北侧紧靠云贵高原边缘，东中部与两广丘陵连为一体，地势西北高而东南（和南部）低，境内山多平原少，岩溶广布，海岸曲折；受东西环流影响，形成亚热带季风气候，夏季高温多雨；河流众多，主要有左江、右江、郁江、红水河、柳江、黔江、浔江、西江、桂江、贺江、湘江、南流江等。

广西旧称广西省，1958 年 3 月 15 日成立广西壮族自治区，简称桂，首府为南宁市。广西现有 14 个设区市 41 个市辖区 10 个县级市 60 个县（含 12 个民族自治县），人口5000 余万，面积 23.76 万平方千米。美丽富饶的土地养育着壮、汉、瑶、苗、侗、仫佬、毛南、回、京、彝、水、仡佬等民族。

秦以前今广西地区为骆越、西瓯、苍梧等族群聚居地。秦始皇三十三年（公元前214 年）秦统一岭南，设置桂林、南海、象三郡，今广西大部分地区属桂林郡、象郡。汉初南海郡尉赵佗击并桂林、象郡，自立为南越王。汉元鼎六年（公元前 111 年）汉武帝平定南越国后，在今广西地区设苍梧、郁林、合浦等郡。三国时分属吴，今桂西部分属蜀。南北朝时相继隶属南朝的宋、齐、梁、陈。隋时境内设始安、永平、郁林、宁越、合浦等郡。唐初为岭南道，后为岭南西道。五代十国时先分属楚、南汉，后全属南汉。宋为广南西路。元初属湖广行中书省，元末为广西行中书省。明为广西承宣布政使司。清设广西省。民国沿袭广西省。广西解放后仍称广西省。1958 年成立广西壮族自治区。

第二节　考古发现概况

广西的田野考古调查工作始于 1934 年，当时两广地质调查所在广西做调查，在武鸣发现了石斧、石刀等石器以及哺乳动物骨骼、牙齿化石。1935 年，中国地质调查所新生代研究室的裴文中与杨中健、德日进在桂林、武鸣等地进行洞穴调查，采集到砍砸器、刮削器、砺石等石器，发现了一批保存于洞穴的原始文化遗存。此后，特别是中华人民共和国成立后，广西做了大量的田野考古调查、勘探、发掘及研究工作，取得了丰硕的成果。

以下主要介绍广西的一些流域（地区）的重要考古发现，以便各地在今后的调查中有所侧重。

百色盆地：在右江两岸发现、发掘了大量旧石器时代遗址，特别是 2005 年对南宁至百色高速公路涉及的 10 余处遗址进行了大规模发掘，出土了砍砸器、手镐、手斧、刮削器等一大批石器。分布在百色盆地的主要遗址有百色上宋、百谷、大梅、南半山、六怀山等，田阳那赖、那哈等，田东高岭坡、那洪、那平等。

左江、右江流域：分布较多的大石铲遗址，主要有隆安大龙潭、内军坡、定出岭、红山、古潭、振楼等，扶绥那淋、同正、旧县等，崇左吞云岭等。也分布有新石器时代贝丘遗址，主要有扶绥江西岸、敢造，崇左冲塘、何村，平果城关，武鸣芭勋等。

邕江流域：分布较多新石器时代贝丘遗址，主要有南宁豹子头、青山、灰窑田等，邕宁顶蛳山、那北咀、牛栏石、长塘、青龙江、天窝等，横州秋江、火烟角、冲里、西津、江口等。

红水河流域：临河分布较多的新石器时代台地遗址，主要有都安北大岭，马山六卓岭、索塘岭、拉如岭、古楼坡，大化大地坡、江坡、琴常、音墟，巴马坡六岭，东兰坡文岭等，地表散布大量石器、石片等。

浔江流域：临江分布较多的新石器时代台地遗址，如桂平大塘城、上塔、长冲根、长冲桥，平南相思洲等，发现较多砍砸器、磨制石器、陶片等。

柳江流域：分布较多洞穴遗址、台地遗址，如柳州白莲洞、鲤鱼嘴、兰家村、响水、鹿谷岭等以及象州南沙湾贝丘遗址，发现大量石器。

桂北地区：由于岩溶地貌发育，洞穴众多，因此保留下来较多的洞穴型遗址，如桂林庙岩、大岩、甑皮岩等。同时，也发现较多新石器台地遗址，如资源晓锦、灌阳五马山等。该地区历史时期处于南北交通要冲，留下了众多遗存，如汉墓、六朝墓、隋唐墓、古窑址、古村落、古建筑等。

沿海地区：临海区域分布有一些新石器时代贝丘遗址、沙丘遗址，如防城亚菩山、马兰咀山、杯较山，钦州上洋角，东兴社山、白龙台等。由于合浦汉代属合浦郡治地，留下了大量的汉墓。近代由于北海开埠较早，保存了大量的西洋风格的近现代建筑。

贺州区域：春秋以后的遗迹多见，有大量的几何印纹硬陶文化遗址，还有战国墓、汉墓等。

梧州、贵港区域：有大量汉墓。

玉林区域：常见宋代窑址。

第二章
文物分类

文物是人类创造的或者与人类活动有关的，具有历史、艺术、科学价值的物质遗存。根据文物的属性，分为不可移动文物和可移动文物两大类。

第一节　不可移动文物

普查标准所指的不可移动文物包括古文化遗址，古墓葬，古建筑，石窟寺和古石刻、古壁画，近代现代重要史迹和代表性建筑，其他。

认定不可移动文物，应当开展文物历史价值、文化价值、审美价值、科技价值、时代价值的全面评估，进行本体确认和时代确定。

一、古文化遗址

古文化遗址一般是指古代人类活动遗留下来的、已被废弃的城郭、宫殿、村落、住所、作坊和寺庙等建筑物、构筑物及其他物质遗存。

1. 早期人类活动场所

早期人类活动场所多指旧石器时代及新、旧石器时代过渡时期等早期古人类活动遗存。如北京周口店遗址，云南元谋猿人遗址，柳州柳江人遗址、白莲洞遗址。

2. 聚落址

聚落址为古代各种人类聚居地遗存。如河南仰韶村遗址、陕西西安半坡遗址、邕宁顶蛳山遗址、百色革新桥遗址。

3. 城址

城址为古代人类聚落形式的复杂、高级形式。如陕西汉长安城遗址、合浦大浪古城遗址、浦北越州故城遗址。

4. 窑址

窑址为反映古代陶器、瓷器等烧制场所的遗址。如上林湖越窑址、桂林桂州窑址、藤县中和窑址、永福窑田岭窑址。

5. 窖藏址

窖藏址为反映古人因生产、迁移或战争等原因将器物埋于地下所形成的古遗址。如陕西西安何家村唐代窖藏、南丹虎形山宋代银器窖藏。

6. 矿冶遗址

矿冶遗址为反映古代人类采矿、冶炼及相关活动的古遗址。如湖北大冶铜绿山古铜矿遗址、北流铜石岭冶铜遗址、兴业绿鸦村冶铁遗址。

7. 战场遗址

战场遗址为与古代战争、交战、战后及相关的史迹遗址。如天津杨村义和团战斗遗址、浙江台州戚继光平倭处。

8. 驿站古道遗址

驿站古道遗址为反映古代陆路交通及相关活动的古遗址。如四川茶马古道邛崃段、潇贺古道、灵川三月岭古道。

9. 军事设施遗址

军事设施遗址为以军事目的为主或服务于古代军事活动的场地、设施及相关古遗址。如内蒙古固阳秦长城遗址、连城要塞遗址。

10. 桥梁码头遗址

桥梁码头遗址为反映古代水路交通及相关活动的古遗址。如浙江温州朔门古港遗址。

11. 祭祀遗址

祭祀遗址为古代人类为了祈福禳灾等目的举行各种仪式所保留的古遗址。如四川成都金沙遗址祭祀区、湖南鬼崽岭祭祀遗址。

12. 水下遗址

水下遗址为位于中国内水、领海及中国领海以外依照中国法律由中国管辖的其他海域内的古遗址。如福建平潭海坛海峡水下遗址,海南金银岛沉船遗址、华光礁沉船遗址。

13. 水利设施遗址

水利设施遗址为反映古代人类对自然界的水进行控制、调节、开发、利用和保护等活动的古遗址。如大运河、防城港潭蓬运河。

14. 寺庙遗址

寺庙遗址为古代与宗教及其居住、修行、祭祀等活动相关的古遗址。如甘肃白塔寺遗址、新疆喀什莫尔寺遗址、藤县灵济寺遗址。

15. 宫殿衙署遗址

宫殿衙署遗址为反映早期及封建统治阶级的居住、行政办公管理及相关活动的遗址。如北京圆明园遗址、宁明迁隆州土司衙署遗址。

16. 手工作坊遗址

手工作坊遗址为反映古代手工业活动的遗址。如广东广州秦代造船遗址、四川成都水井街酒坊遗址。

17. 其他古文化遗址

其他古文化遗址包括无法归入上述各类的古遗址。

二、古墓葬

古墓葬是古代人类安葬死者形成的相关物质遗存，泛指人类采取一定方式对死者进行安葬的遗迹，包括墓穴、葬具、墓地及其附属物等。

1. 帝王陵寝

如陕西乾陵、河南宋陵、宁夏西夏陵、桂林靖江王陵。

2. 名人或贵族墓

如陕西汉中武侯墓、浙江杭州岳飞墓、靖西旧州岑氏土司墓群。

3. 普通墓葬

如柳州龙利仁之墓、兴安陈克昌夫妇合葬墓。

4. 其他古墓葬

如武鸣元龙坡墓群、合浦汉墓群、钟山红花墓群、武鸣独山岩洞葬。

三、古建筑

古建筑是古代人类遗留下来的活动、居住、使用及具有纪念意义的建筑物与构筑物。

1. 城垣城楼（及其他军事建筑及设施）

（1）城市、市镇、村寨等防御体系及组成部分，如南京城墙、桂林永宁州城城墙、桂林古南门；

（2）其他专门的军事设施或建构筑物，如北京镇罗营烽堠、福建南阳烟墩、台子村一号营盘；

（3）其他以军事功能为主要价值特征的古建筑。

2. 宫殿府邸

（1）皇帝的宫殿、行宫及附属设施，如北京故宫、河北承德避暑山庄；

（2）皇亲国戚、王公贵族的府邸、住所，如北京和敬公主府、桂林靖江王府；

（3）地方世袭统治者的府邸、住所，如贵州大屯土司庄园。

3. 宅第民居

以居住功能为主的古建筑（群），如灵川江头村五代知县故居、恭城朗山民居。

4. 坛庙祠堂

（1）祭祀自然的建构筑物（群）及附属物，如北京天坛、先农坛；

（2）祭祀祖先的建构筑物（群）及附属物，如太庙、浙江五里铺王氏家庙；

（3）祭祀先贤、历史名人，以及其他民间信仰对象的祠庙建构筑物（群）及附属物，如四川成都武侯祠，恭城古建筑群—文庙、周渭祠，武宣文庙，柳州柳侯祠。

5. 衙署官邸（及其他行政管理建筑）

（1）行政管理机构相关建构筑物，如忻城莫土司衙署；

（2）军事、财政、仓储等其他类型的管理和办公机构相关建构筑物，如总兵府、守备府、太医院、钞关、织造局、市舶司、冰窖、南新仓；

（3）其他以行政管理为主要价值特征的古建筑。

6. 学堂书院（及其他文化教育建筑）

（1）官方设置的学校和教育行政设施，以及与府学合并设置的文庙等，如恭城古建筑群—文庙；

（2）民间开办的学校和教育场所，如南宁新会书院；

（3）其他以教育功能为主要价值特征的古建筑，如藏书楼。

7. 驿站会馆（及其他交通道路设施、旅行服务设施）

（1）道路设施及相关建构筑物，如过街楼、隧道；

（2）交通行政管理设施，如驿亭、路亭、驿站等；

（3）出行住宿等服务类建构筑物，如茶棚、茶楼、旅店、客栈、会馆、商会等；

（4）其他道路设施及其相关服务设施。

8. 店铺作坊（及其他金融商贸建筑、工商业建筑设施）

（1）工商业生产、经营场所，如商铺、作坊、碾房、酒坊、铁匠铺、杂货铺、粮店、药铺、镖局、富义仓等；

（2）金融和商贸建筑，如票号、钱庄、兑铺、当铺、市场、集市、商行等；

（3）其他工商业、金融商贸等相关古代建筑与设施。

9. 牌坊影壁

（1）单独设置或所属建筑群不存的门洞式纪念性建筑物，如各类牌坊、牌楼、门楼、石坊、门头、神道门；

（2）所属建筑群不存的墙壁、影壁、照壁、照墙、照屏。

10. 亭台楼阙（及其他景观建筑、戏曲演出建筑、天文观测建筑）

（1）单独设置的或所属建筑群不存的景观建筑，如湖心亭、望江亭、钓鱼台、画舫；

（2）单独设置或所属建筑群不存的戏台、戏楼、乐楼、乐台、舞台等；

（3）天文观测建筑或设施，如古观象台、观星台等；

（4）单独设置或所属建筑群不存的阙台，如河南启母阙。

11. 寺观塔阁（及其他宗教建筑）

包括各类宗教居住、修行、祭祀建筑（群）及其附属物，如北京雍和宫、河南少林寺、风水塔、镇水楼、文昌塔。（单独设置或所属建筑群不存的经幢，归入"石窟寺及石刻"类）

12. 苑囿园林

（1）皇家苑囿和园林，如北京颐和园、镜春园；

（2）民间园林，如苏州五峰园、环秀山庄。

13. 桥涵码头

（1）陆上交通线直接穿越河道、沟渠的设施，如北京卢沟桥、牛澳汀步桥、浙江纤道桥等；

（2）涵洞等输水设施，如江苏惠济越闸涵洞；

（3）码头及相关设施，如浙江大树墩渡口、江苏泥斗曹家河埠、镇湾潭缆船石。

14. 堤坝渠堰（及其他水利设施）

（1）人工或半人工河道、水渠，包括各类渠、运河、沟、水系等；

（2）除池塘井泉、桥涵码头外的其他水利工程设施，包括各类堤、坝、堰、陂、闸、圩、陡门、塘、驳岸、纤道（沿堤坝设置）、险工；

（3）水利相关设施，且不能归为其他类型的，包括各类水志、水尺。

15. 池塘井泉

（1）供水设施，包括各类井、泉；

（2）储水设施，包括各类池、塘、潭、湖、水闸、澳。

四、石窟寺和古石刻、古壁画

1. 石窟寺

开凿于山崖上的洞窟式宗教寺院。如河南龙门石窟、山西云冈石窟。

2. 摩崖石刻

在岩体表面或崖壁上凿刻单体造像或造像群，或刻写各种书体文字。如桂林伏波山石刻、桂林叠彩山石刻。

3. 碑刻

具有独立形制，镌刻有文字及图像，包括单独设置或所属建筑群不存的经幢、石碑、石构件等。如云南爨龙颜碑、青海泽库和日石经墙、河北天护陀罗尼经幢。

4. 石雕

主体结构采用单块或多块石材，以各种雕刻技法制作成的立体艺术形象。如福建老君岩造像。

5. 岩画

在岩穴、石崖壁面或岩石上绘制或凿刻，主要表现狩猎、宗教、战争、民俗等活动场面。如宁明花山岩画。

五、近代现代重要史迹和代表性建筑

1. 近现代重要史迹

（1）重大历史事件和重要机构旧址（及战争遗址、工业遗址等）。

①重大历史事件和重要机构旧址，如上海中国共产党第一次全国代表大会会址、百色中国工农红军第七军军部旧址；

②战争遗址，如安徽淮海战役双堆集战场旧址；

③工业遗址，如湖南核工业 711 功勋铀矿旧址。

（2）重要革命历史事件及革命人物活动纪念地。

①重要革命历史事件发生地，如青海果洛和平解放纪念地；

②重要革命人物活动纪念地，如陕西张思德牺牲纪念地。

（3）烈士墓及纪念设施。

①烈士墓，如兴安光华铺红军烈士墓、东兰韦拔群烈士墓；

②烈士纪念设施，如浙江秋瑾烈士纪念碑。

（4）名人故居、旧居。如北京鲁迅旧居、湖北李先念故居、梧州龙圩区李济深故居、临桂李宗仁故居。

（5）名人墓。如江苏南京中山陵、福建福州严复故居和墓。

（6）其他为纪念重大历史事件或者著名人物建立的建筑物、构筑物。如川藏、青藏公路纪念碑。

2. 近现代代表性建筑

（1）传统民居。1911年至今采用传统建筑材料和工艺建造的，重要的具有代表性传统形式的近现代居住建筑（群）。

（2）宗教建筑。如北海天主堂旧址。

（3）工业建筑及附属装置装备（以及其他工业遗产）。如江苏茂新面粉厂旧址、山东中兴煤矿公司旧址、柳州电灯公司旧址。

（4）金融商贸建筑(含中华老字号)。如浙江兴业银行旧址、大清邮政北海分局旧址。

（5）水利、农业相关建筑、设施及附属物（以及其他水利与农业遗产）。如湖北荆江分洪闸、辽宁奉天农事试验场。

（6）文化教育建筑及附属物。如北京大学未名湖燕园建筑、四川中国营造学社旧址。

（7）医疗卫生建筑。如北海近代建筑—普仁医院旧址。

（8）军事建筑及设施。如河北冉庄地道战遗址。

（9）交通道路设施。如浙江钱塘江大桥、云南碧色寨车站。

（10）典型风格建筑物或者构筑物。包括各种类型现代建筑的典型案例、著名建筑师的代表作等。如湖北汉口景明大楼旧址、江西庐山别墅建筑群。

（11）体量较大的各种材质（如石、铜、铁、泥等）雕塑。如福建鼓浪屿郑成功雕像。

（12）依法审批后原址重建的建筑物、构筑物，具有标志意义或典型意义。如北京永定门城楼、湖北武汉黄鹤楼。

（13）其他近现代代表性建筑。时限在1840年至当代，重要的、具有代表性的其他建筑物、构筑物。

六、其他

1. 文化景观

（1）出于美学、社会、文化等原因，刻意设计、创造的，与自然环境和谐互动、协调统一的结合体。如浙江杭州西湖十景。

（2）作为历史演变发展的重要物证，通过与周围自然环境的联系或适应，由最初始的社会需求发展到目前形式，并在当今社会与传统生活方式的密切交融中发挥着积极的作用。如云南牛角寨哈尼梯田、普洱景迈山古茶林文化景观，河北聚馆古贡枣园。

（3）作为实体或象征性实体的文化物证，与文化、习俗、宗教、艺术等有着强烈的关联，承载了人类、大自然及其间特定的精神关系。如江达玛尼堆、良双牛塘埋岩、安徽下孙家寨镇墩、贵州桐木岭跳花场。

（4）已经完成的突发性或渐进式的进化过程，其显著特点仍清晰可见的物质实体（应在国内外相关领域具有典型性，且在有关学科发展史上具有重大见证意义）。如浙江黄泥塘村奥陶系金钉子，甘肃龙湾黄河石林、万里河村火山遗址。

2. 化石地点

如扶绥上英恐龙化石点、南宁那龙恐龙化石点。

3. 其他

如四川高原村地震遗址，江苏三宿崖、龙池晓云石、桃花涧。

第二节　可移动文物

根据文物的质地，可分为石器、陶器、铜器、铁器、瓷器、玉器、滑石器、骨器、蚌器、竹木器等。

一、石器

石器为用石料制造出来的器具，是人类最早制造和使用的工具之一。人类使用石器的时代漫长，考古学称为石器时代。石器时代又分为旧石器时代、新石器时代。旧石器时代的石器典型特征是打制石器，即把石头敲出刃口，用以切割和砍砸。打制石器是最原始的石器，以砍砸器和刮削器为多。砍砸器是用砾石在一边或多边向一面或两面打击出刃缘而成的重型工具，具有砍砸功能。刮削器以石片或砾石为毛坯，沿一边或多边单向打击而成，用以切割兽皮或修制木器、骨器。打制石器中体现先进技术的是手斧。手斧是一种重型石器，用砾石、石核或大石片双面打击修整而成，可用于宰割猎物或砍伐。百色盆地众多的旧石器时代遗址出土的石器年代最早为距今80万年，以手斧最为典型。距今1万年前后，人类迈入新石器时代，石器加工技术更加进步，开始出现磨制石器，使用大量的磨制石斧、石锛、石凿、石刀、石铲、石镞等器型。广西的新石器时代遗址出土大量的石器，在百色革新桥、都安北大岭等遗址发现专门制作石器的制造场，生产大量的磨制石斧、石锛等器型。隆安等地出土的大石铲，加工规整，制作精美，是祭祀仪式的礼器。有段石锛和有肩石器作为南方地区新石器时代最具特色的石器在广西广泛分布，应与东南亚、太平洋诸岛屿的史前文化具有紧密联系，显示出广西是史前文化交流的重要连接点。

二、陶器

陶器为以具有可塑性的黏土或加入羼和料作胎，经成型、干燥、焙烧等工序制成的器物，烧成温度一般在800℃以上。早期以泥片贴筑法或泥条盘筑法制作陶坯，器壁厚。新石器时代中期以后，先民学会淘洗泥料，烧制泥质陶器，发明了用慢轮修整的办法对陶坯进行加工，不仅使陶器器形更加规整、美观，也提高了生产能力。考古学中通常把陶器、磨制石器的出现作为新石器时代到来的基本要素，陶器的发明标志着新石器时代的开始。广西是中国乃至世界上最早出现陶器的地区之一，临桂大岩、桂林庙岩、桂林甑皮岩等遗址发现了距今1万年以上的陶器，是研究陶器起源的重要区域。新石器时代广西发现的陶器从手制向轮制发展，坯料质地从夹砂、夹碳向泥质陶发展，器型在釜、罐之上增加了鼎、豆、盘、甑等，纹饰在粗绳纹之上增加了细绳纹、方格纹、席纹等。广西发现的新石器时代晚期至先秦时期岩洞葬出土了一批以细绳纹等多种纹饰组合的陶器，商周至春秋战国时期广泛分布的几何印纹陶反映了浓厚的地域文化特色。秦汉统一之后，广西陶器的种类和特征基本与中原类似，以合浦、贵港、梧州等地汉墓及以后各时期墓葬出土的陶器为最多，类型丰富，有罐、壶、案、屋、仓、井、灶等，反映了当时的埋葬习俗和社会发展情况。

三、瓷器

瓷器以高岭土为原料，经制胎、上釉之后在1200℃以上高温下烧造而成，具有胎质坚硬、胎釉结合紧密、不透水等特点。瓷器脱胎于原始瓷器。原始瓷器最早出现于商代，因其釉一般呈青绿色或黄绿色、灰青色，故又称青瓷器或青釉器，东汉时期发展为成熟的瓷器。青瓷器的釉以铁为着色剂，在还原焰中烧制而成。青瓷器在广西出现于东汉。早期青瓷釉不到底，下腹部和底部露胎，釉层厚薄不匀，有少量剥落和裂痕，常见纹饰有弦纹、麻布纹、锯齿纹。到三国两晋南北朝时期制瓷工艺日趋成熟，胎呈灰白色，质地致密，釉色纯正均匀，透明有光泽，胎釉结合紧密。西晋青瓷器上还出现褐色点彩或彩绘。贵港、兴安、荔浦、合浦等地东汉中晚期墓葬中出土有碗、罐、耳杯等一批早期青瓷器。三国两晋南北朝时期各地区所产青瓷相互影响和吸收，推动了青瓷烧造业迅速发展，桂林永福恭城，梧州苍梧、藤县、蒙山以及贺州等地都有出土，且器物种类丰富。盘口壶、鸡首壶等成为具有时代特征的器形，井、灶、仓、畜圈、宅院坞堡、水田、牛车和仪仗俑群等反映豪强士族及庄园经济生活的陶瓷模型仍较常见。钦州，北海，桂林灌阳、平乐、全州、兴安，贺州昭平等地隋唐时期墓葬、窑址中出土的陶瓷器的胎泥淘炼、釉色润泽及胎釉结合等工艺都有了进一步的提高，其中合浦英罗窑、北海晚姑娘窑等出土的大量瓮、罐、壶、盆等，钦州久隆隋唐墓葬出土的提梁壶、四系罐、敞口深腹假圈足碗等青瓷器都具有典型特征，并且部分产品或与外销海外国家有密切的关系。宋代是我国制瓷业蓬勃发展的时期，广西的制瓷业也得到了迅速的发展，瓷窑分布遍及桂北、桂中、桂东和桂南的全州、兴安、灵川、永福、柳城、桂平、藤县、容县、北流等20余个县市，形成了湘江上游、漓江、洛清江、柳江、郁江和北流河两条分布带的分布特点，湘江上游、漓江、洛清江、柳江、郁江流域烧造青瓷，北流河流域烧造青白瓷。青白瓷是宋代制瓷业的重大成就之一，胎质洁白细腻轻巧，釉匀莹润光洁，胎釉结合紧密，有良好的半透明度，叩之有清脆的金属声。代表性窑址有藤县中和窑、容县城关窑、北流岭峒窑等。明代瓷业又呈现出另一个繁荣期，瓷器的制作从过去的以纯色为主的素瓷发展到以多色釉为主的彩瓷，其中青花瓷占据主流的地位。桂林市郊明靖江王墓群及其他一些明墓出土的青花瓷器都极其精美。同时期众多民窑发现的瓷器则是以民间生活所需的碗、盘等用器为主。

四、青铜器

青铜器为以铜为基本原料加工制成的器物。青铜古称"金"或"吉金"，是红铜与锡、铅等的合金，其铜锈呈青绿色，故名。常见的器型有鼎、钟、鬲、罍、爵、盘、剑、矛、镜等。青铜器的出现具有划时代的意义。广西出土最早的青铜器年代为商末周初，以武鸣元龙坡墓群出土的铜卣为代表，带有浓厚的中原文化色彩。同时，元龙坡墓群发现有铸造钺、镞等青铜器的石范，证明西周时期当地已出现青铜铸造工艺。随着与中原交往的增多，春秋战国时期的墓葬如武鸣元龙坡、武鸣安等秧、平乐银山岭、岑溪花果山等墓群出土不少的青铜器，器型有鼎、尊、钟、剑等，具有中原青铜文化的特征。随着秦汉实现大一统，汉越文化进一步融合，出土的铜器如案、盘、壶、樽、镜等大致与中原的无异了。但广西的青铜器无疑是有自己的区域特色的：一是器型特殊。靴形钺、人面弓形格剑、柱形器、羊角钮钟、附耳铜桶、铜鼓等，显示了不同于中原文化的特征。二是工艺特殊。合浦、贵港等地西汉晚期出现了錾刻花纹工艺，在案、承盘、樽、盒、壶等铜器表面錾刻精细的菱形纹、锯齿形等图案纹饰，间有龙、凤、异兽、鱼等祥瑞纹饰，繁缛富丽。

五、铁器

铁器为以铁矿石冶炼加工制作的器物，铁器的出现使人类历史产生了划时代的进步。中国最早的人工冶炼铁器距今约 3400 年。广西到战国时代才有铁器，平乐银山岭战国墓和岑溪糯垌花果山战国墓等墓葬都有铁器出土，常见的器型有锸、斧、釜等。汉代以后铁器数量大幅增加，在贵港罗泊湾一号汉墓出土的铁器包括锸、削、剑、釜等。

六、滑石器

滑石器主要见于汉墓，为常用于陪葬的明器。滑石是常见的一种硅酸盐矿物，光滑细腻，质地柔软，是摩氏硬度中最软的标准矿物，易于雕刻器具。汉代用滑石制成的明器，主要发现于北海合浦，贵港，梧州及其藤县，贺州及其钟山、昭平，桂林及其平乐、兴安，柳州三江等地，以合浦、梧州、贵港出土为多。汉代滑石器最早见于西汉晚期的墓葬中，西汉晚期也是滑石器作为随葬品最盛行的时期，数量、种类多，且制作精致、美观。三国两晋南北朝时期在桂林恭城、柳州融安、梧州藤县仍大量出现。滑石器器型有鼎、壶、钫、釜、盂、暖炉、甑、钵、盘、杯、樽、璧、屋、厕、仓、井、灶和动物俑、人面像等 30 余种，以仿制生活日用器为主，兼有部分模型和少量礼器、装饰品等，与同时期的陶器、铜器等同类器物相似。

七、玻璃器

玻璃器在中国古代又称为料器。玻璃是由熔融、冷却后所得的固体非金属物质。中国最早的玻璃器见于春秋末期。广西出土玻璃器最早见于西汉，器型主要包括珠、管、耳珰、璧、杯、盘、碗等，色泽常见深蓝、湖水蓝、天蓝、青、淡青、绿、白、月白、砖红等。广西汉代玻璃器根据原料分属钾硅（K_2O-SiO_2）玻璃、铅钡（$PbO-BaO-SiO_2$）玻璃、钾钙（$K_2O-CaO-SiO_2$）玻璃、铅硅（$PbO-SiO_2$）玻璃，其中有中国制造的，也有海外输入的。如玻璃璧、玻璃耳珰、玻璃鼻塞等，与中国传统玉器相似，应是中国自制的产品。而贵港南斗村的托盏高足杯、钦州久隆墓的高足杯，与中国传统的器皿形制有异，可能是舶来品。根据玻璃器元素的测定结果，铅钡玻璃和钾硅玻璃为中国制造，其中钾硅玻璃更有可能是广西本土制造。

八、玉器

古代玉器的石料主要包括角闪石、辉石两种，前者为软玉，后者为硬玉，古代玉器主要由软玉制成。水晶、玛瑙、琥珀、绿松石、翡翠等也归为玉器类。玉器最早见于旧石器时代，新石器时代普遍出现，特别是良渚文化、红山文化、齐家文化出土为多。玉器在广西始见于新石器时代晚期，如隆安大龙潭遗址出土的玉铲，磨制细致，十分精美。真正大规模生产玉器则是从商周时期起，如武鸣马头元龙坡和安等秧墓群、平乐银山岭墓群，出土了数量不少的玉器，以佩饰品为常见，器型主要有锛、凿、璜、玦、环、管等。汉代墓葬盛行厚葬习俗，出土玉器数量最多，如合浦、贵港等地汉墓出土琥珀、绿松石等，其中的水晶、玛瑙、琥珀、绿松石和玛瑙小动物如狮子等与海上丝绸之路的交流有关。

九、金器

我国古代先民最早使用黄金的实例可追溯到新石器时代晚期的黄河中游地区。广西发现最早的金器是西汉墓出土的黄金货币金饼，还出土了大量的金戒指、金耳环、金串珠。

十、银器

银器在广西最早见于贵港罗泊湾汉墓，出土了绞索身银针。广西富产银矿，到唐宋时期已广泛开采，冶铸银锭，精制银器，以作为贡品。南丹县城关镇附城村虎形山出土的11件宋代银器，以錾花鎏金银摩羯等器物最为精美。摩羯是印度神话故事中的水怪，其形象体现在银器上，反映了中外文化的交流。

十一、竹木器

古代竹木器难以保存下来，目前仅见于贵港罗泊湾汉墓，主要有生产工具和生活

用具，还有乐器和武器柄。竹器有笛、帘、篓、筐、篮、尺、笥。木器有俑、牍、尺、梳篦、削、剑、刀、案、器座、鼓腔、鼓槌、瓢、俑、六博盘、筑、十二弦乐器及一大批完好的纺织机零部件。

十二、漆器

漆器经制胎、髹生漆、绘画和烙刻、修整等数道工序而制成。我国最早的漆器见于距今六七千年的河姆渡遗址的漆碗。先秦楚国以生产漆器闻名。广西的战国时期漆器罕见，仅在平乐银山岭战国墓发现漆盒残迹。汉代漆器出土较多，贵港罗泊湾汉墓、合浦望牛岭汉墓、贺州金钟汉墓都有出土，种类有耳杯、盘、案、奁、盂、盒、豆、盆、桶、梳篦盒、长方盒、案等生活用品，还有黑漆棺。汉初漆器部分器身留有铭记，贵港罗泊湾一号墓出土的漆耳杯和漆盘，底部烙印"布山""市府草""市府□"字样，一些耳杯底针刻"胡""厨""杯""士"等文字，这些戳记证明了这批漆器是布山县市府漆器制造作坊的产品。

十三、骨器

骨器是用兽类肢骨加工而成，有的用飞禽肢骨骨管磨成，包括骨锥、骨针、骨笄、骨刀、骨匕、骨凿、骨镖、骨镞、骨鱼钩等生产工具、生活用具和佩饰品。广西最早的骨器见于新石器时代南宁贝丘遗址和桂林甑皮岩遗址。

十四、蚌器

蚌器和骨器一样，主要见于新石器时代贝丘遗址，器类有刀、鱼钩、网坠和装饰品。

第四次全国文物普查主要调查对象是不可移动文物，调查发现文物是普查最基础的工作。

在实际工作中所遇到的田野调查对象的存在状态主要有地下埋藏（含水下）和地面保存两大类别。地下埋藏的主要是遗址类，如旧石器时代、新石器时代的聚落址等，不同时代的窑址、城址等；地面保存的主要有古建筑、近现代建筑等。在工作中，普查队要根据这两种对象的保存特征，分别确定有所区别、针对性较强的调查方法、技术手段。由于地下文物基本被掩埋在地表之下，已经在今人的视野之内基本消失，因此寻找、发现文物是调查的主要目的；而在地面尚存的不可移动文物，基本未脱离世人的视线，容易发现，调查的关键则主要在于认定其价值、意义，如一处近现代建筑怎么认定其价值，这就需要普查队员具备相关的知识。

一般来说，调查工作分为三个步骤：一是前期准备工作，二是田野实地调查，三是综合分析形成结论。

第一节　前期准备工作

要完成一项调查工作，充分的准备工作是必不可少的。对于田野调查而言，预先对所调查区域或对象作全面了解，无疑是最重要的。

文物普查虽然是一项全面的调查工作，但具体的调查工作的实施总是会以限定的区域为单元来进行，或以一条河的流域，或以一个乡镇、一个村，甚至以一座山，因此准备工作应当以具体调查区域为对象而展开。

一、准备、熟悉相关文字资料

文字资料包括文献档案资料、地理信息资料、区域信息资料以及制订的方案或计划等。

文献档案资料: 包括历史文献、地方志、考古文献、文物档案、统计资料、历史照片、其他相关资料。

地理信息资料: 包括现代地图、历代舆图、航空影像、卫星影像、相关测绘资料。

区域信息资料: 包括交通状况、居民状况、气候条件、地质矿产、地形地貌、水文水利、土壤植被、灾异情况、民风民俗、信仰禁忌、精神文化、建筑风格、传统工艺。

制订的方案或计划: 即通过文献、资料基本完成对调查对象的了解后,根据调查的目标和掌握的情况拟订的调查工作方案或计划。方案、计划一般包括工作目标、队伍组织、人员分工、技术路线、工作时限、资金设备、交通联络、保障措施、成果形式等。相对而言,方案是工作实施的设计和构架,可以是纲要性的,而计划则必须具有可操作性,更贴近于实际。对于文物普查而言,计划中的任务分解、区域划分和调查路线设计等内容是尤其需要周密考虑的。

二、物资准备

普查工作实施之前需准备的物资大体有:

资料: 包括文物资料、地形图、域情简介、工作手册。

设备: 包括手提电脑、数码相机、GPS、无人机等。

工具: 包括测尺、罗盘、手铲、便携镐。

文具: 包括笔、尺、记录本、绘图纸、记录表格。

劳保用品: 包括工作鞋、帽、手套、水壶等。

常用药品: 包括常用的防治外伤、感冒、中暑、肠胃病等方面的药品。

其他物资: 包括标本袋、标签、502胶水、宣纸、包装纸、捆扎绳、胶带等。

三、行前培训

具体工作实施之前,在队伍组建完成后,还应当开展一些必要的岗前培训或教育,如制订工作方案或者计划、遵守职业道德、遵循工作守则、保护人身和财物安全、尊重乡规民约等。

由于广西此次普查是以县域为单位,因此县一级普查队应当组织普查队员先了解第三次文物普查的相关资料及自第三次文物普查以来的文物新发现情况，观摩收藏的文物标本，特别是掌握不同时期陶片的特征，让普查队员能够大致了解，以利于提高今后的普查工作效率。

第二节　田野实地调查

准备工作完成后，进入田野实地调查阶段。

对文物普查来说，即使现代交通工具非常发达，有汽车等，对文物普查的帮助也还是有限，主要还得依靠步行。因为多数遗址分布在交通不便的农村周围的山坡、洞穴等处，所以实地踏查仍然是最根本、最有效的手段，是文物普查的关键。

为了保证工作效率和质量，一方面可以借助机动交通工具，提高效率；另一方面合理的线路设计也非常关键，尽量减少走回头路、重复线路，以节约时间。

由于调查对象存在状态的区别，因此实地踏查的工作方式和规律应有所变化。从事普查的基层队伍应当是一支多能的工作队，合理的分工和组合可大大提高工作效率。此次普查以县域为单位，每个县城一般只能组建一支普查队，如果队里能有一个队员熟悉考古知识，一个队员熟悉建筑知识，一个队员熟悉电脑知识、拍照摄像知识，那便是最佳组合。每个普查队都应尽可能想办法进行人员搭配和队伍组建。

一、地下文物的调查

地下文物一般湮灭已久，地表没有明显的标志物，调查方法可以从以下几方面考虑。

（一）寻找适合地形

作为以全区为范围的文物普查，在当前显然不可能做到"卷地毯"式的所谓全覆盖，也就是说每一寸土地都要普查队员走到是不太现实的，这就要求普查队员要根据以往的调查经验和知识，有重点地选择调查区域，尽可能提高工作效率，保证普查出成果。

普查队员要以地形适合人类活动（居住）的理念作为主要线索，在不同的地形中找到埋藏于地下的遗址。以下几种地形要重点关注。

1.近水地形

水是生命之源，没有水，人类就不能长久生存。因此，调查的重点地形之一是近水的地方，如河流两岸、湖泊沿岸等。根据目前广西的遗址发现情况，大部分旧石器时代遗址、新石器时代遗址、窑址等分布在河流两岸，如邕江、左江两岸分布众多的贝丘遗址，右江两岸分布众多的旧石器时代遗址。在近水的地形中，还要特别重视两条或多条河交汇的台地，因为交汇处的交通条件、鱼类资源等自然条件能给当时落后的生产条件带来诸多便利，古人类往往会选择这些地方作为生活居住地，所以就会留下较多的遗址，如百色百达遗址、都安北大岭遗址、邕宁顶蛳山遗址等。

2. 洞穴

洞穴能提供避风挡雨、防止虫兽侵扰的良好条件，往往是人类活动的首选之处，特别是在旧石器时代，由于生产力低下，生存条件恶劣，因此洞穴是人类的当然选择。广西是岩溶地貌发达地区，岩洞众多，从以往的发现看，洞穴中保留的古人类遗存较多，如桂北的洞穴贝丘遗址、南宁区域的岩洞葬等。

3. 平缓台地

由于人类的发展、人口的增多，聚落愈来愈大，平缓台地极有可能保存古代遗存，因此在调查中也要重点关注。

此外，要根据不同文物的保存状态，有针对性地调查重点地形，如墓葬一般分布在地势较高的地方，而近海处则可能有海滨型贝丘遗址。

当然，由于地壳运动，沧海桑田，地形、地貌的变化在调查中也要加以认识。现代表现的因素适合居住，并不等于古时也如此；反之，现代不适合人类活动的地方，古代也并非一定不适合古人类活动。

（二）寻找地面遗存和遗物

要认定一个遗址，就要尽可能发现遗存和遗物。

1. 观察剖面

寻找剖面来观察地层堆积，发现遗物。在丘陵或山区，断崖、梯田、陡坎、冲沟等都是最好的观察剖面。在野外，可以多用手铲去刮铲剖面，了解是否存在文化堆积或遗物。

在地势起伏较小的区域，应注意寻找水渠、鱼塘、排水沟、机井、植树坑等对地表有破坏的部位进行观察，寻找遗存。

还应注意从地表之下翻上来的土，文化堆积的土色有时会同地表土色有较大区别，当发现土色异常时，即使未发现遗物，也要高度重视。

2. 发现遗物

由于遗址年代久远，近现代人类活动有可能对遗址造成一定的破坏，一些遗物会暴露在地表，同时陶片、石器等会影响田地耕种或作物生长，农民看到会将其随手弃到地头集中，因此在野外调查中，要注意寻找田间地头的弃物区，看看能否有所发现。

在一些地方，往往会将古代建筑遗存作为现代建筑材料使用，如用汉代墓砖砌筑猪圈、厕所、围墙，用古代石构件作台阶、踏步，用石碑、墓志作跨桥或铺盖水沟，等等。因此，要留意村里的一些建筑，也许会有意外发现。再向村民寻根问底，或许还会找到墓葬或建筑遗址等。

（三）寻访当地民众

长期在当地生活的民众，经常在野外进行生产活动，对一草一木都很熟悉，要充分发挥他们的作用，特别是可以寻访当地德高望重、阅历丰富的老人，虚心询问文物线索。

在实际工作中，普查队员每到一个村庄，都应拿出相关的文物图片，找当地人询问是否有遇到类似文物。同时，应注意寻找从事流动性生产活动的人如放牧人、采药人、放蜂人、护林员等来了解情况，他们也许能提供一些文物的发现线索。

二、地面文物的调查

地面文物一般与现代城市、村庄邻近，人们都比较熟悉，调查起来所要花费的时间不多，最关键的问题是认定其价值。总的来说，实际工作的认定尺度宜宽不宜紧，以尽可能保护更多的文物。

地面文物与地下文物的保存状态不一样，调查方法应有所不同。

（一）查阅文献

地面文物由于年代久远，文献资料往往有记载，因此多查阅文献资料可以找到地面文物的相关资料，如名人的建筑、历史事件的发生地等。同时，根据文献资料可以找到一些具有价值的建筑、设施、题刻或标志物的线索，加以实地调查，就容易有新发现。

（二）熟悉近现代史

近现代史迹的认定往往与重要历史事件或重要历史人物有关，而并非能够从建筑物或构筑物的特征中得到反映。一栋外观很平常的房子，如果与某个重要历史事件或重要历史人物有关，其重要性不言而喻。因此对当地这一阶段历史的掌握，会成为调查认定的关键所在。

（三）寻访当地民众

道理与上述一样。

综上所述，地面文物易发现，在实际普查过程中的主要工作是认定其价值。普查队员可根据相关认定标准，挖掘其历史，完善有关材料，最终作出认定。

由于广西是多民族聚居区，保存了大量的具有民族特色的建筑及其他民族文物，因此在普查时要特别加以重视。

第三节　综合分析形成结论

在田野调查工作结束后，普查队获得有关的数据、信息，回到室内对这些资料进行重新梳理、核对、补充、分析，最后形成结论。

一、确认记录是否完整

各种数据、描述等是否完整，如一处遗址是否有地层描述、分布面积、器物种类、自然条件等方面资料，一处建筑是否有分布面积、建筑特征、保存状态等方面资料。具体来说，文物普查登记表的每一项内容都不能遗漏。

二、确认记录是否准确

各种数据是否准确，年代、性质等是否判断准确。

在室内整理阶段，须对各种数据重新核对。如调查者对年代、性质的判定把握不准，可请有关专家重新分析所采集遗物，再到文物点进行复核，力求做到准确无误。

三、确认结论是否准确

在调查后会形成一个结论，即判定发现点是否具有文物保护价值，并作出其他建议、结论。要根据相关专业知识和法律法规、普查标准，全面把握材料，形成一个准确的结论。

文物普查作为国情国力调查的一部分，是摸清广西不可移动文物资源底数的调查工作，普查工作的成果将成为国家制定文物保护政策、加强文物保护和利用的依据，同时也将为考古、历史等学术研究提供重要的基础资料。

第四章
旧石器时代考古常识

第一节　发现及研究概况

旧石器时代是人类历史发展的最初阶段，以使用打制石器为标志。从距今两三百万年开始到距今约 1 万年结束，相当于地质时代上新世晚期至更新世。该时代一般分为三个阶段，即早期、中期和晚期，分别与人类体质发展的能人和直立人、早期智人、晚期智人三个阶段的人类相对应。

广西发现的旧石器时代人类及文化遗存众多，在我国旧石器时代考古研究中占有重要的地位。到目前为止，广西已发现的巨猿化石、古人类化石、人类化石和文化遗存共存、旧石器地点超过 150 处，其中旧石器地点上百处。这些地点分布遍及广西大部分地区，但主要集中在广西的东部、西部、中部和东北部。其年代早到旧石器时代初期，晚到旧石器时代末期。

一、人类化石

1956 年，由裴文中、贾兰坡率领的中国科学院古脊椎动物与古人类研究室广西工作队，在来宾县（今来宾市）麒麟山盖头洞发现了麒麟山人头骨化石。1958 年，在柳江县（今柳州市柳江区）新兴农场发现了柳江人的头骨化石及一些体骨化石。进入 20 世纪 60 年代，古人类化石的发现地点有灵山县马鞍山的东胜岩、葡地岩，灵山县石背山洪窟洞和荔浦县（今荔浦市）水岩东洞等。20 世纪 70 年代，在都安加图干淹岩、都安九楞山、柳州都乐岩、隆林德峨、田东定模洞、柳州白莲洞等地点发现了人类化石。20 世纪 80 年代，人类化石的发现地点有靖西宾山、柳江土博的箭猪岩和甘前洞、隆林保龙洞、桂林宝积岩等。21 世纪人类化石的发现地点有扶绥东罗矿务局那法矿区南部的南山洞、田东步兵么会洞、崇左智人洞等。其中，柳江新兴农场发现的柳江人化石材料最为丰富，包括一个完整的头骨和大部分体骨；来宾麒麟山盖头洞、柳州都乐岩、隆林保龙洞发现的人类化石也有部分头骨和体骨化石；其他地点的化石材料几乎都是牙齿。

我国古人类学家对广西发现的古人类化石进行了研究。研究结果表明，柳江人属于蒙古人种系统，其体质特征显示出黄种人的特点，并且是人种分化中较原始的黄种人，体质形态和现代人基本相似。柳江人在进化上比各种猿人和古人更为进步，但较山顶洞人和资阳人原始，是正在形成中的蒙古人种的一种早期类型，也是迄今为止在我国乃至整个东亚发现的最早、最完整的新人阶段的代表。根据伴生的哺乳动物群化石推断，其地质时代为更新世晚期。

麒麟山人化石仅存颅底部分，包括大部分上颌骨和腭骨、右侧的颧骨和大部分枕骨。经研究，麒麟山人是一老年男性个体，体质特征和现代人十分相似，没有明显的原始性质，属于新人类型。与人类化石共生的动物化石均为现生种，表明麒麟山人所在的年代应为旧石器时代晚期。

田东么会洞发现的人牙化石包括一枚完整的右下臼齿和一枚残破的左下臼齿。从形态上看，这些牙齿与北京猿人、和县猿人、蓝田猿人等中国的直立人接近，因此可能属于直立人；但从尺寸上看，又明显超过直立人的变异范围。有关田东么会洞发现的化石标本的归属问题有待进一步的研究。

其他地点发现的人类化石几乎都是零星牙齿。根据牙齿的性状和特征，这些人类化石均属于蒙古人种，无明显的原始性质，与现代人基本相似，属晚期智人。

广西所发现的旧石器时代人类化石，对探讨人类起源和人种的分化具有重要的科学研究价值。特别是柳江人化石的发现，为研究中国晚期智人的体质特征以及早期智人和晚期智人体质变化关系提供了珍贵的实物资料。

二、文化遗存

广西旧石器时代的文化遗存丰富，分布广泛，年代上包括旧石器时代早期、中期、晚期三个阶段。但如同我国南方其他地区的旧石器时代遗址一样，三个阶段的文化遗存在特征上的区分并不那么明显。

旧石器时代早期遗址或地点集中分布在广西西部的百色盆地，即百色旧石器遗址群。此外，在田林、平果等地也有发现。

广西旧石器时代早期的石器以百色旧石器为代表，最初于 1973 年在百色上宋村发现。20 世纪 80 年代初，对百色地区进行文物普查时，在百色盆地发现了一批旧石器地点。迄今为止，在百色盆地发现的旧石器地点已增至 83 处，采集的石制品 8000 多件。经过发掘的地点有 20 处，总共发掘面积近 3 万平方米，出土石制品超过 25000 件。代表性遗址有右江区的百谷、大梅、杨屋，田阳的那赖、赖奎，田东的高岭坡、百渡、坡洪等。这些旧石器遗址或地点分布在百色盆地右江河谷的高阶地。

百色旧石器是用砾石制作的石器，原料以砂岩、石英岩、石英为主，打片和加工石器采用直接锤击法和碰砧法。石核台面不加修理，多为自然台面。石器大多数为单面加工，两面打制的较少。石器制作比较简单、粗糙。多数石器的加工部位只限于器身的一端或一侧，把端往往不加修理，保留砾面，通体加工的石器极少。石器类型有砍砸器、手镐、刮削器、手斧和薄刃斧等，其中，砍砸器数量最多，薄刃斧最少，手镐、手斧最具特色。手镐几乎都是用砾石直接加工而成，制作比较简单，两侧的修整较少，而尖部则通常经过细致的修整，加工成舌状，把手部分往往不加修理。手斧为两面加工，制作比较简单，多数的加工仅限于器身的上半部，但也有部分手斧通体加工、制作精致。百色手斧不仅数量多，而且年代早，是迄今为止东亚和东南亚地区所发现的年代最早的手斧。

广西旧石器时代中期的遗物发现很少，年代也不太确定。从目前发现的情况来看，百色地区的八六坡遗址、龙皇庙遗址和百达遗址底层出土的石器可能属于这一阶段。这些遗物也都是用砾石打制而成的石器，其制作技术及器型和早期的大体相同，只是没有发现手斧和薄刃斧。

旧石器时代晚期的文化遗址明显比中期的多，分布也更为广泛。根据现有资料，柳州柳江、融安，来宾忻城，桂林荔浦，梧州，贵港桂平，百色田阳、田东、隆林，河池宜州、都安，南宁，崇左等地都有发现。其中，在桂中和桂北的主要为洞穴类型，而在桂西、桂南和桂东的主要是露天类型。代表性遗址有桂林宝积岩、梧州木铎冲、柳州白莲洞、田东定模洞等。与早、中期相比，晚期的石器有明显的区别。这一时期石器的原料主要是砂岩和硅质岩砾石，打片和加工石器主要采用锤击法。石器制作比较精细，刃缘经过较多的修整。器体变小，出现细小型石器。器型有砍砸器、尖状器、刮削器等。伴出方面，未发现竹木器和骨角器，也未发现装饰品和艺术品。

第二节 遗址举例

广西发掘了不少旧石器时代遗址，重点发掘工作在百色盆地。其中经过发掘的重要遗址有百色百达遗址、百谷遗址和大梅遗址，以及田东高岭坡遗址、田阳那赖遗址、田林龙皇庙遗址、隆安娅怀洞遗址、柳州白莲洞遗址等。

一、田东高岭坡遗址

田东高岭坡遗址位于田东县林逢镇檀河村坡算屯的高岭坡，右江的南岸第四级阶地上。遗址分布面积约 5 万平方米。1988 年、1989 年经过两次发掘，共出土了 100 多件石制品。1993 年，中国科学院古脊椎动物与古人类研究所和广西壮族自治区文物工作队（今广西文物保护与考古研究所）对该遗址进行了进一步发掘，揭露面积达 20 平方米。地层堆积分为 3 层，在第三层出土了 400 多件石制品，包括石锤、石核、石片、石器、断块和碎片，其中大部分为小石片、断块和碎片等，石器较少，表明这里是一处石器制造场。石器类型仅见砍砸器、刮削器，未发现手斧。该遗址属旧石器时代早期文化遗址，不仅面积大、保存状况较好，而且地层出露明显，在第四纪地质和旧石器考古研究方面具有重要的价值。该遗址与百谷遗址一道于 2001 年被国务院公布为全国重点文物保护单位。

田东高岭坡遗址

二、田林龙皇庙遗址

田林龙皇庙遗址位于田林县八桂瑶族乡弄瓦大桥下游约 1.5 千米处驮娘江右岸的一个低缓山坡上。遗址高出河面约 15 米，分布面积约 3500 平方米。2004 年进行了抢救性发掘，揭露面积 2000 平方米。地层堆积主要为棕黄色砂黏土。出土石制品 800 多件。石器原料主要是砂岩和石英岩砾石。石器单面加工，制作简单，器身保留较多砾石面。石器类型主要是砍砸器和刮削器等，形制比较规整，类型单一。根据地层堆积和出土遗物推测，该遗址应属于旧石器时代中晚期。龙皇庙遗址是右江上游地区一处年代较晚的旧石器遗址，对建立广西地区旧石器时代考古年代序列具有重要意义。

田林龙皇庙遗址

三、百色百达遗址

百色百达遗址位于百色市以西约 50 千米的阳圩镇六丰村百达屯西侧的那册山，处于右江及其支流者仙河的交汇处。遗址分布面积约 2.5 万平方米。1988 年发现，2004—2005 年进行了发掘，揭露面积为 1 万平方米。地层堆积的上部为新石器时代，下部为旧石器时代。在新石器时代地层中发现了石器制造场、居住遗迹、墓葬和用火遗迹，出土遗物近 5 万件，包括打制石器、磨制石器、陶器、骨器等。此外，还出土了大量的动植物遗存。年代为距今 9000—7000 年。旧石器时代地层仅出土了打制石器，类型包括砍砸器、手镐、刮削器等，年代为旧石器时代中晚期。百达遗址是一处具有从旧石器时代到新石器时代文化堆积的露天遗址，其文化堆积之厚、遗物之丰富、跨越时间之长，在广西极为罕见，对构建广西乃至我国南方乃至东南亚地区史前年代框架及文化发展序列具有重要的学术意义。

百色百达遗址

四、隆安娅怀洞遗址

隆安娅怀洞遗址位于隆安县乔建镇博浪村博浪屯的一座孤山上，距离隆安县城 13 千米。2015 年 5 月至 2017 年 9 月，连续进行了两年多的考古发掘，发掘区域分为 A、B、C、D 四个区，总揭露面积约 50 平方米，发掘深度达 7.5 米，文化堆积厚度约 5 米，以旧石器时代的堆积为主。在该遗址发现了一座旧石器时代的墓葬，出土了一具包括完整头骨在内的人类遗骸；发现了距今 16000 年前的稻属植硅体，以及两处旧石器时代的用火遗迹；出土了数以万计的遗物，包括大量的石制品及少量的蚌器、骨器和陶片。此外，还出土了大量的水陆生动物遗骸及植物等种类丰富的自然遗存。遗址的年代初步推断为距今44000—4000年。文化遗存大致可以分为四期，其中第一期至第三期属于旧石器时代，第四期属于新石器时代。此次发掘填补了广西史前文化的缺失。其中，以石片石器为主的旧石器文化的发现，对探讨岭南及东南亚地区更新世晚期人类行为及文化的多样性具有非常重要的意义；距今16000多年前的人类头骨化石及墓葬的发现，为了解华南晚更新世人类体质特征与演化特点、早期现代人群的迁徙与交流以及旧石器时代晚期人类的埋葬习俗提供了重要实证；距今16000年前的稻属植硅体的发现，为研究古代人类利用野生稻的历史提供了珍贵的实物资料。

隆安娅怀洞遗址出土的人类头骨化石

隆安娅怀洞遗址远景

五、柳州白莲洞遗址

柳州白莲洞遗址位于柳州市东南郊 12 千米处的白面山南麓，1956 年发现，1973—1982 年先后进行了多次发掘。遗址所处的白面山海拔约 250 米，南面为一片开阔的溶蚀平原。洞口朝南，高出山脚地面 27 米，洞口高 5～6 米。洞内分洞厅和洞道两部分。洞厅靠近洞口，宽约 18 米，堆积物厚达 3 米，是发现人类文化遗存和动物遗存的地方。出土石器 500 多件、人牙化石 2 枚、动物骨骼化石 3500 多件、用火遗迹 2 处。根据地层及出土的遗物，遗址可划分为三个不同时期的文化：第一期文化距今 3 万—2 万年，出土的各类砾石制品具有明显的旧石器时代风貌，同时出现工具小型化的趋势；第二期文化距今约 12000 年，出现了大量粗犷的砾石工具和燧石石器及少量磨刃石器，此外，还出土了原始穿孔石器和用于碾磨赤铁矿粉的碾磨石；第三期文化距今 12000—7000 年，磨制工具由前期局部磨刃到通体磨光，原始穿孔石器由琢凿发展到钻孔磨光，并出现了原始陶片和穿孔装饰品。白莲洞遗址是华南地区从旧石器时代文化向新石器时代文化过渡的典型遗址。

柳州白莲洞遗址内景

第三节　器物分类与描述

旧石器时代遗址发现的器物主要是大量石器，类型有砍砸器、手镐、刮削器、手斧、薄刃斧等。

一、砍砸器

砍砸器又称砍斫器。系用砾石、石核或大石片在一边或几边向一面或两面加工出刃口的重型工具，长或宽在 10 厘米以上，刃角大于 45°，具有砍、砸功能，是旧石器时代常见的生产工具。根据刃数及刃缘特征，砍砸器可分为单边砍砸器、双边砍砸器、多边砍砸器及盘状砍砸器等类型。在广西旧石器时代遗址中，砍砸器有较多发现，且在新石器时代早、中期仍普遍存在。砍砸器通常用各类砾石直接打制而成，绝大多数为单面加工，制作简单粗糙，器身保留较多砾石面。早期砍砸器的原料通常为砂岩砾石、石英岩砾石和石英砾石，器体粗大，制作比较简单；晚期砍砸器多用砂岩砾石制作，加工较为精细，器体较早期砍砸器小。

【田东百渡 WT17②:450】原料为一浅黄褐色石英岩砾石，一面较平，另一面凸起。沿砾石的一侧多次单面剥片，打出一道直刃，打击方向为由较平面向凸起面；片疤多较大而浅平；刃缘平直锋利，经修整，未见使用痕迹。器身近四边形，长 10.8 厘米，宽 7.8 厘米，厚 5.2 厘米，重 510 克，刃角 65°。

【田东百渡 WT17②:450】砍砸器

二、手镐

手镐也叫大尖状器，流行于旧石器时代早期，系用长条形砾石或厚石片在一端加工出尖刃的重型工具，其形状及大小与手斧相似，但通常为单面加工，修整部位主要在尖部，具有挖掘和砍砸的功能。根据器身形状及刃部特征，可分为若干类型。三棱大尖状器和双尖尖状器也归入此类。手镐在广西主要发现于百色盆地，是百色旧石器的典型器物之一。百色手镐几乎是用砾石直接加工而成，一般是由较平一面向另一面打击，从两侧往一端加工出一尖。制作比较简单，加工多限于器身上部，未发现通体加工的标本，两侧的修整较少，而尖部则通常经过细致的修整，把手部分往往不加修理。器身形状多种多样，主要有三角形、梨形、矛头形、半月形等，尖部多呈舌状。

【田东百渡 WT17 ② :549】原料为一扁长形灰褐色石英岩砾石，两面均凸起。沿砾石两侧反复剥片，向一端加工出一尖。两侧加工面较陡，左侧缘略内凹，右侧缘弧凸，端部斜至左侧，与左侧缘相交，形成一斜尖。上端中部经过剥片减薄，形成一个向端部倾斜的平面。两侧均加工至根部，除中部以下至把端保留有石皮外，整个面大部分经过加工。片疤较大，两侧缘和尖部都经过修整。背面弧凸，呈船底形。器身平面略近肾形，长 13.0 厘米，宽 8.4 厘米，厚 5.5 厘米，重 630 克，刃角 66° ～ 82°。

【田东百渡 WT17 ② :549】手镐

三、手斧

手斧为重型工具，在旧石器时代早期最为流行。用砾石、石核或石片两面打制而成，通常有一较宽而厚的把端和与之相对的较尖而薄的刃端。或通体加工，或保留部分石皮（砾面）。长度一般在 10 厘米以上。平面形状多种多样，通常呈梨形、椭圆形或长三角形；横截面为双凸、平凸或三角形。早期类型手斧多用砾石或石核制作，加工简单，器身保留较多石皮；晚期类型手斧多用石片制作，加工精致，器形规整对称，很少保留石皮。具有切割和砍伐的功能，可用来屠宰猎物和砍砸东西。手斧是西方阿舍利文化的典型器物，在欧洲、非洲、西亚等地使用较为普遍。在广西百色盆地也有较多的发现。百色手斧主要用砾石或大石片制作而成，形状多为梨形或三角形。

【标本公篓 P8072】以石英岩、大石片为毛坯，沿石片破裂面两侧两面加工而成。正面大部分经过剥片，仅在器身中下部中轴部位保留原石片的破裂面。左侧边上部略内凹，片疤尾部折断，形成一纵向陡坎；右侧缘较平直，片疤浅平。修整主要在两侧上部和尖部。背面全部经过剥片，片疤多较浅；修整限于中上部刃缘。器身扁薄且对称，平面略呈梨形，器身横截面为扁双凸，尖部呈舌状。部分刃缘有小崩疤，应为使用痕迹。长 22.6 厘米，宽 17.5 厘米，厚 7.3 厘米，重 2610 克，刃角 50°～75°。

【标本公篓 P8072】手斧

四、刮削器

刮削器为轻型工具，流行于旧石器时代。用石片或砾石沿一个或一个以上的边缘或末端打制而成，长度通常在 10 厘米以下。可分为边刃刮削器、端刃刮削器、凹刃刮削器、锯齿状刮削器等类型。具有刮削和切割功能。一般来说，边刃刮削器和凹刃刮削器适用于加工竹木器，端刃刮削器主要用来加工兽皮，锯齿状刮削器大概是用来锯物的。

【**田东百渡** WT3 ② :11】原料为一灰黄色硅质岩厚石片，石片破裂面较平，背面为砾石面。加工仅限于石片左侧远端部位，由背面向破裂面加工，片疤大而浅平；远端中部边缘有许多崩疤，应为使用痕迹。长 8.2 厘米，宽 6.5 厘米，厚 3.1 厘米，重 205 克，刃角 47°。

【田东百渡 WT3 ② :11】刮削器

五、薄刃斧

薄刃斧也叫"劈裂器""斧状器"等，为田东高岭坡遗址出土。用大石片、结核或砾石打制而成，修整主要在侧缘和把端，通常与把端相对的一端是一横向切割刃，刃口薄，刃角通常小于 45°。平面形状多种多样，通常呈 U 形或 V 形。薄刃斧是阿舍利文化的特征性器物，通常与手斧共存，普遍发现于非洲和印度半岛，在欧洲发现较少。在广西，薄刃斧目前仅发现于百色旧石器遗址。百色的薄刃斧主要用砾石和石片制作而成，几乎都是单面加工，器身平面形状主要有 U 形、V 形、梯形，器体较大，数量少，在石器组合中所占比例不大。

【标本百谷53】毛坯为砂岩大石片。在石片的两侧由破裂面向背面加工，把端亦经过剥片。片疤深凹。与把端相对的一端为一横向刃缘，由石片的破裂面与背面相交而成。刃口平直、锋利，有明显的使用痕迹。器身平面略呈 V 形，中部的横截面为平凸形。长 19.4 厘米，宽 11.3 厘米，厚 6.1 厘米，重 1120 克。

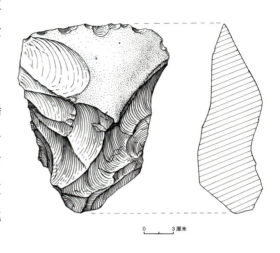

【标本百谷 53】薄刃斧

六、石核

石核为制作石器过程中经过剥离石片而剩下的石料核心部分，其表面有剥片留下的石片疤。可根据打制工艺、形状、大小等分成自然台面石核、打击台面石核、砸击石核、石叶石核等多种类型。

【田东百渡 WT11 ② :261】双台面石核。原料为一灰褐色石英岩砾石，一面较平，另一面凸起。自然台面。先以较平面为台面，沿一端和一侧反复打片；再以凸起面为台面，沿另一面多次打片。打击点清晰可见；片疤数量多，石核利用率高；多数片疤比较规整，且多为长大于宽的片疤。器身平面近菱形，长 19.6 厘米，宽 11.0 厘米，厚 8.8 厘米，重 2180 克，台面角 70° ～ 93°。

【田东百渡 WT11 ② :261】石核

七、石片

石片是在制作石器过程中从石核上剥下的片块，其表面通常具有打击点、半锥体、放射线等特征。尺寸大小差别很大，小的仅有几厘米，大的可超过 20 厘米。有的石片用作毛坯进一步加工成刮削器等工具，有的则直接当作工具使用。根据长宽比例和尺寸可分为普通石片、石叶和细石叶等类型。

【**田东百渡** WT16 ② :314】原料为硅质岩。自然台面；打击点窄小，半锥体凸出；放射线清晰可见；同心波纹不明显。背面上半部全是层叠的片疤，其打击方向与石片的打击方向相同；下半部保留自然砾面。左侧下半部折断了一小块，边缘钝厚；右侧保留自然砾面；远端边缘较为锋利。未发现使用痕迹。平面近四边形，长 5.2 厘米，宽 3.7 厘米，厚 1.8 厘米，重 60 克，石片角 125°。

【田东百渡 WT16 ② :314】石片

八、石锤

石锤为制作石器的工具，用来打击石核以产生石片及用来加工石器。多选大小合适的砾石或岩块直接使用，器身上保留有片疤和砸击疤痕。

【**田东百渡标本序** 15】原料为一黄褐色石英岩砾石，一面稍平，另一面凸起。使用砾石的两侧进行锤击；锤击部位的片疤层层叠叠，片疤均不大，片疤面很陡；锤击边缘钝厚。器身厚重。长 7.7 厘米，宽 6.7 厘米，厚 5.7 厘米，重 360 克。

【田东百渡标本序 15】石锤

第五章
新石器时代考古常识

第一节　发现及研究概况

新石器时代开始于距今1万年前后，基本特征是农业、畜牧业的产生和磨制石器、陶器、纺织的出现，是原始社会氏族公社制由全盛到衰落的一个历史阶段，生业方式由依赖自然的采集渔猎经济跃进到改造自然的生产经济。新石器时代考古在广西考古中占有重要地位，遗址数量多，分布面广，研究成果深入。迄今为止，已发现新石器时代遗址约400处，遍及广西各地，主要集中在桂林、柳州、来宾、南宁、崇左、百色、贺州、贵港、钦州、防城港等市。其中，经过发掘或试掘的重要遗址有桂林庙岩遗址、甑皮岩遗址，临桂大岩遗址，灌阳五马山遗址，资源晓锦遗址，柳州鲤鱼嘴遗址、兰家村遗址，邕宁顶蛳山遗址、长塘遗址，南宁豹子头遗址，隆安大龙潭遗址，扶绥江西岸遗址、敢造遗址，横州西津遗址、秋江遗址，平南石脚山遗址、相思洲遗址，桂平大塘城遗址、上塔遗址，钦州独料遗址，百色革新桥遗址，那坡感驮岩遗址，都安北大岭遗址等40余处。这些考古调查和发掘，让我们对广西新石器时代文化面貌有了基本的了解，并对一些重要的文化现象进行了深入的探讨和研究，取得了很大的收获和进展。

广西地貌多样。北部桂林地区以石灰岩峰丛河谷、小平原为主，其中广泛发育的洞穴为史前人类提供了天然的居所，而在洞穴附近往往有地面或地下河流，不仅为史前人类提供食水，还提供淡水贝类和鱼类等食物资源。中部柳州地区以平原和河流阶地为主，也有若干石灰岩峰丛。南部南宁地区以小平原、河流阶地为主，部分区域有石灰岩峰丛存在。这些不同的地理环境为史前人类生存发展提供了多种自然条件和丰富的资源组合，也因此出现了多种类型的文化遗址，形成了广西新石器文化的多样性。由于地理环境、生态环境的差异，广西新石器时代各阶段及各文化类型的分布较为复杂。尽管目前广西地区的新石器文化类型及发展序列尚不完全清晰，但局部地区的基本框架已经形成。为更直观地认识新石器时代遗址，本书按遗址所处的地貌特征来分类描述。从目前广西所发现的新石器时代遗址来看，大部分遗址主要位于洞穴内、河流两岸的一级阶地和低矮的山坡上，因此，广西新石器时代大致可分为洞穴遗址、河旁台地遗址和山坡遗址三大类。

一、洞穴遗址

洞穴遗址主要分布于桂北的桂林，桂东北的贺州，桂中的柳州、来宾，桂南的南宁、崇左和桂西的百色、河池等市的一些石灰岩较发育地区，尤以桂林最多，而桂东的梧州，桂东南的玉林，桂南沿海的北海、钦州、防城港等市则很少发现。代表性遗址有桂林甑皮岩遗址、临桂大岩遗址、柳州鲤鱼嘴遗址、平南石脚山遗址和那坡感驮岩遗址等。洞穴遗址多位于山脚的洞穴内或岩厦下，洞口多南向、东南向或西南向，洞口相对高度一般要比旧石器时代的洞穴遗址低，多高出地面5～20米，面积一般在200～500平方米。桂北、桂中的洞穴遗址年代较早，桂南、桂西地区的年代较晚。早期洞穴遗址是旧石器

桂林临桂区大岩遗址外景

时代洞穴遗址的延续，地层堆积中包含大量的螺蚌壳及水生、陆生动物遗骸；遗物以打制石器、夹粗砂的绳纹陶和骨器、蚌器为主，部分遗址中还发现较多的墓葬，地层堆积厚，文化内涵丰富，延续时间长。晚期洞穴遗址的数量较少，地层堆积中无螺蚌壳，堆积薄，延续时间短；遗物以磨制石器、夹细砂的绳纹陶为主，陶器中有少量泥质陶，除绳纹外还有刻划、压印和戳印等纹饰，器类多样，出现了部分圈足器和三足器。

洞穴遗址地层堆积剖面

二、河旁台地遗址

河旁台地遗址大多位于紧临河岸较平坦的台地上，主要分布在左江、右江、郁江、浔江、红水河和柳江的主干流及其支流两岸，尤以大河的拐弯处和大小河流的交汇处最为常见。这类遗址数量多，分布范围广，面积大，多保留有较厚的地层堆积，遗物也较丰富。由于这类遗址分布广泛，各区域间的文化面貌存在较大差异，年代上也有早晚的不同。左江流域和郁江流域的河旁台地遗址，大部分以螺蚌壳堆积为主，属于贝丘遗址，地层堆积厚，且大部分遗址中都保存有大量以各式屈肢葬和部分肢解葬为主的墓葬；遗物以磨制石器、夹砂绳纹陶器、骨器和蚌器为主，其中骨器、蚌器的数量较多，尤其是蚌刀、蚌勺和鳖甲刀，具有鲜明的地方特色。在右江流域和红水河流域的河旁台地遗址中，存在多个规模不一的石器制造场；遗物以大量石制品为主，打制石器和磨制石器并存，陶器数量较少；打制石器以单边刃的砍砸器为主，而磨制石器则以斧、锛为主，还包括一定数量的研磨器、有肩石器和石拍；发现有少量的墓葬，葬式为屈肢葬和肢解葬。在柳江、浔江流域的河旁台地遗址的地层中，大多含有大量的石块和石制品；石器以侧面单向打击的砾石砍砸器为主，同时伴有部分磨制的石斧、石锛等，其中磨制石器大多只磨刃部，通体磨光的较少；陶器均为夹砂陶，以红陶和灰陶为主；纹饰多样，有绳纹、附加堆纹、篮纹、乳钉纹及锯齿状花边纹，其中以粗绳纹为主；均为圜底器，折沿和卷沿器型具有地方特点。

河旁台地遗址地层堆积剖面

河旁台地遗址所在地地形

三、山坡遗址

山坡遗址主要分布在桂东北的桂林、贺州，桂南的南宁、崇左和沿海的钦州、防城港等地，年代上总体要比洞穴遗址和河旁台地遗址晚，多属于新石器时代晚期。虽然都是山坡遗址，但是各地的山坡遗址在地貌特征和文化面貌上却有很大的差异。

桂东北的山坡遗址多分布在河流两岸的山坡上，以小河的两岸为主，特别是在灌江、建江和漠川河等几条较大的支流两岸最为密集。遗址的一般地理特征为前临河、后靠山，附近有平坦、较开阔的地带。遗址所在的山坡一般高出附近地面 10 ～ 20 米，岭顶较平，坡度不大，尤其是遗址所在的一面坡度较平缓，多半被开垦种植农作物，石器散布于地表，保存文化层的较少。遗物主要为石器和陶器，未见骨器、蚌器，以磨制石器为主，陶器较少。磨制石器以通体磨制为特征，器型有斧、锛、铲、钺、刀、凿、镞、环、杵、矛、剑、网坠、纺轮、砺石等，以斧、锛为主；穿孔技术已在石器中较多使用，有穿孔的石斧、石钺、石镞、石铲、石刀及石环等。陶器以夹砂陶为主，泥质陶极少；陶色驳杂，有红、红褐、灰、灰白、黑、灰黑、橙黄等色，以红褐色陶和灰色陶为主；器表纹饰以绳纹为主，少量饰方格纹，刻划直线、曲线、水波纹、弦纹和戳印纹等；器型有罐、釜、豆、圈足碗、平底盘、圈足盘、纺轮、鼎腿、器座、支脚等，以敞口、折沿、圜底

山坡遗址所在地地形

的罐（釜）为主；盛行圜底器和圈足器，少见三足器和平底器，有较多的支脚和器座。

桂南的山坡遗址主要以大石铲为文化遗存，多位于靠近江河湖泊的低矮坡岗上，其分布范围广泛，涉及南宁邕宁、武鸣、隆安，崇左扶绥、龙州、宁明、大新，玉林北流、容县，贺州，贵港平南，百色平果、田阳、德保、靖西，来宾，钦州浦北，北海合浦等地100余处，以桂南地区分布最为密集。目前资料显示，隆安、扶绥、武鸣、邕宁一带，尤其是左江与右江汇合成邕江的三角地带，遗址分布密集，出土石铲数量最多，器型最为典型，是该类遗址所代表的原始文化分布的中心区域。通过对隆安大龙潭、扶绥那淋屯、崇左吞云岭、靖西那耀等遗址的发掘与试掘，对该类遗址文化已有基本的了解。此类遗存中遗物单一，以形制特殊的磨光大石铲为主要特征，其他类型的石器及其他质地的遗物较少。石铲形体硕大，器身扁薄，棱角分明，制作规整，较多无使用痕迹，特征极明显。石铲多以一定的形式排列，其中以刃部朝上的直立或斜立排列组合为主。这是与广西其他文化类型遗址不同的新石器文化遗存。

在北部湾畔的防城港、钦州、北海等地的滨海地区，分布着部分贝丘遗址，这些贝丘遗址一般地处临海的山岗上，有的就在海潮浸泡的小岛上，前临海、背靠山，高出海面约10米，并且附近必有淡水流入大海。从这些遗址的地貌特征来看，其属于山坡遗址一类。防城港市的贝丘遗址分布最为集中，主要包括亚菩山、马兰咀山、杯较山、高高墩等11处，其中亚菩山、马兰咀山两处遗址已经过试掘。这些遗址的地层堆积以文蛤、牡蛎等海洋贝壳和古人类食用后丢弃的水生、陆生动物遗骸为主，遗物有陶器、石器、骨器和蚌器。

陶器均为夹砂粒和蚌末的粗陶，陶色以红、灰黑色为主，部分粗黑陶表面挂有红色陶衣；纹饰以细绳纹为主，少量为篮纹和划纹。这些陶器火候低，胎壁较薄。器型只有小敞口一种，多为圜底的罐类。

石器分为打制石器和磨制石器两类，以打制石器为主。打制石器全部是石核石器，主要是选用扁椭圆形的河滩砾石，用石锤在其边缘上交互打击而成，片疤深而短，二次加工通常简单且粗糙，普遍保留砾石面；器型主要为器体厚重、具有尖端和厚刃的蚝蛎啄、砍砸器、手斧状石器、三角形石器、石球和网坠等。磨制石器数量较少，制作大多粗糙，器身普遍保留有打制疤痕，通体磨光的较少；器型主要有斧、锛、凿、磨盘、杵、石饼和砺石，以扁长方形的斧、锛为主。骨器、蚌器数量较少，但大多经过磨制。骨器有锥、镞和用鱼的脊椎骨制成的穿孔饰品。蚌器有铲、环、网坠等。

广西新石器时代遗址类型多样，文化特征既有相同之处又各具地方特色，因年代早晚的不同又有不同的变化。目前的发现和研究表明，广西的新石器时代文化起源早，持续时间长，但发展缓慢，从早期的领先到后期的滞后，既有自身的特点和发展演变过程的因素，又受到周边地区文化的影响。长期的区域间文化的交流和融合，形成了广西新石器文化时代多样性的格局。

第二节　遗址举例

广西发掘了大量的新石器时代遗址，其中代表性遗址有桂林甑皮岩遗址、柳州鲤鱼嘴遗址、全州龙王庙山遗址、邕宁顶蛳山遗址、百色革新桥遗址、都安北大岭遗址、资源晓锦遗址、隆安大龙潭遗址、桂林父子岩遗址、武鸣弄山岩洞葬等。

一、桂林甑皮岩遗址

桂林甑皮岩遗址位于桂林市南郊独山西南麓，1965 年文物普查时发现该遗址，并进行了小范围试挖掘。1973 年和 2001 年进行了正式发掘。独山的相对高度约 89 米，为浅灰色块状石灰岩孤峰。其北面为相人山，南面为大风山，三座山峰一线排列，独立成峰，互不相连。其东面为一片广阔的平原，西面与连绵的石灰岩群峰之间有一条宽约1000 米的狭长平原地带。甑皮岩洞口朝向西南，洞口高 8 米，宽 13 米，进深 21 米，地面高程约 5 米，总面积约 240 平方米。遗址地层中含大量的螺蚌壳，地层堆积厚，最厚处达 3.2 米，地层变化相当复杂，自然堆积层次最多达 32 层。遗址中出土了大量的石器、陶片、骨器和蚌器等史前人类的生产工具、生活用具，以及史前人类食用后遗弃的水生、陆生动物遗骸。石器以打制石器为主，器型有砍砸器、尖状器、切割器、穿孔石器、石锤等，其中大部分为砍砸器；磨制石器很少。陶器多为夹砂陶，少量为泥质陶；纹饰主要为绳纹，另有少量的刻划纹、压印纹、戳印纹等；器型有罐、釜、盆、豆、钵、支脚等，以圜底的罐、釜为多。骨器数量较多，大部分经磨制，器型有针、锥、铲、镖等，以锥为主。蚌器主要是穿孔的蚌刀。另外，在遗址中还发现较多的墓葬，葬式为各式屈肢葬，以蹲葬为主。根据地层叠压关系及出土遗物的变化，遗址堆积自下而上可分为六个时期，其中第一至第五期属新石器时代。

桂林甑皮岩遗址远景

二、柳州鲤鱼嘴遗址

　　柳州鲤鱼嘴遗址位于柳州市鱼峰区大龙潭公园内的龙山南麓名为鲤鱼嘴的岩厦下。该遗址是全国重点文物保护单位，属于洞穴贝丘类型，是研究该区域及华南史前文化的重要遗址。1980 年进行了首次发掘，2003 年进行了第二次发掘。出土陶片、石器、骨器及石核、废石片等。遗址年代为距今 15000—6000 年，分为三期。在遗址中发现的旧石器时代向新石器时代过渡时期的"大龙潭"人类骨骸化石，为研究华南古人类发展的重要资料。

柳州鲤鱼嘴遗址探方剖面

三、全州龙王庙遗址

全州龙王庙遗址位于全州县安和镇江明村跳石步自然村东北方向约 300 米处的龙王庙山上，1966 年文物普查时发现。龙王庙山为南北向、高 25～35 米的石灰岩石山，建江由南往北从山的东面山脚流过，河流对岸和山的南部为平坦开阔的田峒，西紧靠连绵的高山，中有小土岭，北为土岭和石山。山由南北两座山峰组成，北峰高而陡峭，南峰较矮且宽、平。两峰之间是长约 60 米、宽约 40 米、高约 20 米的平地，现为耕地，种有农作物和果树。南峰东西长约 100 米，南北宽约 80 米，顶较平，地势从东北往西南倾斜，但地表出露较多的石灰岩石，凹凸不平，形成一个个天然的小山窝，其中有褐色或灰黑色的土层覆盖。这些土层的面积大小不一，最大的约 50 平方米，最小的约 4 平方米。在南峰顶的南、东部断面上，可以看到文化堆积层，地层堆积从东到西断断续续长约 80 米，宽度不清，厚 20～80 厘米不等，随地势的倾斜由东往西变薄。堆积主要为灰黑色黏土，下部略呈灰褐色，里面含有较多的陶片和少量石块及兽骨等。石器大部分为磨制，器体大多通体磨光，器型有斧、锛、刀和杵等，以平面为梯形的斧、锛为主。陶器全为夹细砂陶，颜色有灰黑、橙黄、红褐等色，以红褐色为主；器表纹饰有绳纹、压印纹、方格纹、刻划纹、羽状纹等，以中细绳纹为主，部分素面。陶器制作较规整，胎厚一般为 0.3 ～ 0.5 厘米，最厚的约 1.3 厘米。火候较高，少量为印纹硬陶。陶片多为器腹残片，少量有口、颈部，从中可看出器物多为敞口、折沿的罐、釜类，此外还有圈足残片、折腹器残片等。

四、邕宁顶蛳山遗址

邕宁顶蛳山遗址位于南宁市邕宁区蒲庙镇新新行政村九碗坡自然村东北方向约 1 千米处的顶蛳山上，北距县城约 3 千米，坐落在邕江支流八尺江右岸第一阶地，地处八尺江与清水泉交汇处的三角嘴南端，属典型的内河流域淡水性贝丘遗址。遗址所在地为一处近南北向的低矮小山岭，顶平，东、北两面被现代鱼塘所破坏，现存遗址南北长约 100 米、东西宽约 50 米，面积约 5000 平方米。1994 年发现，1997—1999 年中国社会科学院考古研究所等单位对该遗址进行了 3 次发掘，共发掘面积 1000 多平方米。地层堆积厚，堆积以螺蚌壳为主。出土了大量的陶器（片）、石器、骨器和蚌器等史前人类的生活用具、生产工具及史前人类食用后遗弃的水生、陆生动物遗骸。遗址的文化堆积

邕宁顶蛳山遗址发掘现场

可分为四个时期：第一期为棕红色黏土堆积，不含或含少量的螺蚌壳，出土遗物包括大量的玻璃陨石质细小石器、石核，少量穿孔石器和陶器等。陶器多为羼合粗石英碎粒的灰黄陶，器表均施粗绳纹，部分器物口沿上捺压花边，沿下有附加堆纹；器型仅见圜底的罐或釜形器。第二期以螺蚌壳堆积为主，出土遗物有陶器、石器、骨器和蚌器，以及大量的水生、陆生动物遗骸。陶器数量较多，以灰褐色夹颗粒较大的石英碎粒粗陶为主，器表多饰以篮纹和粗绳纹，器型仅见直口、敞口或敛口的圜底罐。石器较少，有斧、锛、穿孔石器、砺石等，以通体磨制的斧、锛为主，但大部分仅刃部磨制较精致，器体其他部位保留有较多深而大的打击疤痕，且器形多不规整。骨器以磨制较精致的斧、锛、锥

邕宁顶蛳山遗址临江剖面

为主。蚌器的数量较多，主要为状似鱼头的穿孔蚌刀。该期还发现了少量墓葬，葬式为侧身屈肢葬、仰身屈肢葬、俯身屈肢葬和蹲踞葬等。第三期堆积仍以螺蚌壳为主，出土遗物与第二期的大体相同，但陶器的数量和种类较第二期增多，器型除第二期的圜底罐外，较多的是敛口或直口、深腹的圜底釜及高领罐。陶器均为夹砂陶，但砂较细；烧制火候较高，陶色有灰褐色、红褐色和外红内黑等；器表纹饰以中绳纹为主，少量细绳纹。石器以磨制的斧、锛为主。蚌器以磨制的穿孔蚌刀为主，新出少量蚌铲（匕）。骨器有磨制的锛、锥、镞、针、鱼钩等。墓葬数量多、分布密集，除第二期常见的几种屈肢葬外，还发现了数量较多的肢解葬。第四期为灰褐色黏土堆积，不含螺蚌壳。出土物包括陶器、石器、骨器等遗物及大量的破碎兽骨等，不见蚌器。陶器以夹细砂的为主，另有部分夹炭陶和泥质陶；陶色种类增多，有红褐色、黑色、灰褐色、灰色等；纹饰以细绳纹为主，并出现多线刻划纹；器型有高领罐、圜底罐、釜、圈足罐、杯等；轮制技术已开始运用。石器数量较少，以通体磨制的锛、斧为主，器表保留的琢打痕较少，部分制作精致，通体光滑，新出现通体磨制光滑的双肩石斧。骨器以体型较大的锛、斧、铲为主，锥、镞较少。在遗址的南部发现属于该期的墓葬9座，葬式为各式屈肢葬和蹲踞葬。

五、百色革新桥遗址

百色革新桥遗址位于百色市右江区百城街道东笋村那林屯东南右江台地上。2002年4月调查发现，10月发掘。遗址年代为距今6000—5000年。在该遗址发现广西首个新石器时代石器加工场，出土大批石器加工工具以及石器毛坯、半成品、成品，主要有砍砸器、斧、锛、凿、研磨器、砺石、石锤等。其中凹刃凿和研磨器具有特色。除遗物外，还发现两座墓葬和一批动植物标本。该遗址获评为2002年全国十大考古发现之一。

百色革新桥遗址石器制造场石砧及周围石制品的分布情况（圆圈部分推测是石器制作者的作业位置）

六、都安北大岭遗址

都安北大岭遗址位于都安瑶族自治县百旺镇八甫村那浩屯东南方向约 1 千米处的红水河和刁江交汇的北大岭上。2004 年发掘，出土了一批新石器时代、战国、汉代、宋代至清代的遗物。遗址主体以新石器时代为主，分早晚两期。早期为新石器时代中晚期，主要发现一处大型石器制造场，石器主要有砍砸器、斧、锛、凿、研磨器等，少见陶器。晚期为新石器时代晚期，陶器较多，圈足器和圜底器为常见类型，石器主要为双肩石器。

都安北大岭遗址石器制造场全景

七、资源晓锦遗址

资源晓锦遗址位于桂林市资源县资源镇晓锦村后龙山上。该遗址是全国重点文物保护单位，属于山坡遗址。1998 年发现，并进行了首次发掘，2001 年结束发掘，共历经 4 次考古发掘。遗址年代为距今 6000—4000 年。出土了一批陶器、石器及炭化稻米。遗址分为三个时期，第二期和第三期出土了大量的炭化稻米。该遗址是研究长江水系和珠江水系史前文化交流的重要遗址，其出土的炭化稻米是广西目前所见最早稻作农业的考古证据。

资源晓锦遗址南区遗迹

八、隆安大龙潭遗址

　　隆安大龙潭遗址位于隆安县乔建镇博浪村大龙潭酒厂南一座低矮平缓的坡岗上，为右江西南岸二级阶地，高出水面约 40 米。其西靠小石山，东临右江，南为开阔的农耕地。遗址略呈正方形，自西向东倾斜，面积约 5000 平方米。1978 年、1979 年两次共发掘了 820 平方米，发现了灰坑、沟槽、红烧土坑及石铲组合等遗迹。灰坑有圆形、袋状、椭圆形和不规则形等。填土中杂有少许红烧土块、炭屑和一些石铲，多凌乱无规律，个别灰坑在坑周壁竖立石铲、石片护壁，内部密集有序地排列着石铲及石片。出土遗物有陶器及石器。陶器仅有 1 件泥质小陶罐，质松，触之即碎。陶罐出土时置于 3 件围成"凵"形的直立石铲当中，底部垫有石铲残片。石器均为磨光石器，除凿、菱形器各 1件及一些疑为犁形器外，其余均为各类石铲及半成品。石铲以硕大者居多，未经使用的石铲占很大比重。石铲的放置形式最具特色，每组石铲 2 ～ 10 件不等，构成复杂的组合排列，包括直立、斜立、侧放、平直、杂乱堆放等几种方式。其中直立或斜立排列组合为运用较多且最具特色的组合形式，由数件石铲分别构成队列式、"凵"形和圆圈式等不同形式的排列。2015年再次对大龙潭遗址进行发掘，发现了一处大型石铲祭祀遗存，进一步证明这种遗址与原始社会末期的祭祀活动有关。同年，在田东利老遗址发掘中，出土了一件精美的小型石铲，进一步凸显了大石铲的权力和礼器性质。

隆安大龙潭遗址石铲祭祀场

九、桂林父子岩遗址

桂林父子岩遗址位于桂林市雁山区柘木镇禄坊行政村禄坊上村漓江和相思江交汇处。2014—2016年连续三年对该遗址进行了考古调查与发掘。遗址涵盖了四个类型的文化堆积，即洞穴、台地、坡地和岩山类型。综合考古发掘材料及对各类型堆积出土遗物进行分析，该遗址可分为三期。

第一期主要分布于父子岩南洞口两侧，为洞穴类型堆积。未发现遗迹现象。初步推测该期年代为距今5000年左右。第二期主要分布于父子岩与红岩两山之间的台地上，为台地类型堆积。遗迹现象有灰坑、房址、墓葬、用火地点等。根据出土遗物判断可分为早、晚两个阶段。年代应属于新石器时代晚期，距今约4000年。堆积中发现的房基、用火遗迹、墓葬、灰坑等，为研究桂林史前人类走出洞穴后的聚落形态、发展模式、埋葬习俗等提供了不可多得的材料。第三期主要分布于父子岩洞穴类型堆积的南洞口两侧、坡地堆积及岩山堆积。未发现遗迹现象。推测该期年代为距今4000—3000年。该处堆积中出土的各类型各纹饰陶器、凹刃石锛、石钺等诸多遗物与周边地区同时代遗物有较大相似性，表明该类型堆积文化内涵具有多元性，为研究南岭南北史前文化交流提供了新的考古资料。

桂林父子岩遗址出土的第三期玉器

父子岩遗址的考古发现清晰地揭示了新石器时代晚期至商周时期的地层叠压关系，填补了桂林喀斯特地区新石器时代晚期至商周时期的文化空白，对研究和构建桂林乃至广西新石器时代晚期至商周时期文化发展序列具有重要意义。

十、武鸣弄山岩洞葬

武鸣弄山岩洞葬位于南宁市武鸣区仙湖镇邓吉村雷蓝屯弄山山洞内。2003年发现并发掘，出土了大批陶器、玉石器、装饰品以及人类遗骸和动植物标本，遗址年代为距今约4000年。陶器有圜底器、圈足器、三足器，装饰有细绳纹和刻划纹，这些装饰组合极具特色，是广西新石器晚期陶器典型器物。石器以大石铲为主，玉器则以双肩锛为主。出土的大石铲对研究以大龙潭为代表的大石铲遗存具有极其重要的意义。

武鸣弄山岩洞葬遗址远景

第三节　器物分类与描述

新石器时代的生产工具和生活用具主要为陶器、石器、骨器和蚌器，但因为数量多，类型、器型复杂，只能选取一些常见的器型来进行描述。

一、陶器

陶器以夹砂陶为主，少量泥质陶。陶色有红、红褐、灰和黑等色。纹饰主要是绳纹，有部分篮纹、刻划纹、压印纹、戳印纹和附加堆纹。器型主要有罐、釜、盆、豆、支脚、钵、碗、壶、纺轮等，以圜底器为主，有部分三足器和圈足器。

陶罐：邕宁顶蛳山遗址出土。夹细砂橙黄陶。微敞口，近直领，领较矮，溜肩，鼓腹，圜底。领上光素无纹，颈以下饰细绳纹。通高 12 厘米，口径 9.4 厘米，腹径 13 厘米。

邕宁顶蛳山遗址出土的陶罐

陶釜：邕宁顶蛳山遗址出土的一件陶釜，夹细砂灰褐陶，陶色不匀，部分呈红褐色。敛口，平沿，深圆腹外鼓，圜底。沿上和器表饰中绳纹。通高 32.8 厘米，口径 26 厘米，腹径 30.4 厘米。大新歌寿岩出的一件陶釜，夹细砂红褐陶，微敞口近直，高直领，斜溜肩，扁鼓腹，器体最大径在腹下部，圜底。器表肩部至底遍饰细绳纹，绳纹为从肩部往底部竖向滚压而成，肩腹部纹饰规整，底部绳纹错乱。下腹部的绳纹以上，从左至右又滚压一遍绳纹，形成交错的近方格纹，从口至领肩相交处表面涂抹一层很薄的细泥浆。底部有黑色的烟炱痕。通高 16.6 厘米，口径 12.4 厘米，腹径 18.6 厘米。

陶盆：【甑皮岩 BT2 ⑥:022】夹方解石红褐陶，器表陶色不均，部分呈红色或褐色，内壁褐色，含方解石颗粒较多，颗粒较细，且相当均匀，应是制作过程中经过精心挑选的。敞口，斜直壁，腹下部略内束，然后外弧内收成平坦的圜底。内壁有一道手抹的痕迹。口沿上饰有一圈捺压纹，沿下用带有两齿的工具作划纹，划痕较深，两条一组，组与组间隔距离不等。腹部饰细绳纹，绳纹滚压凌乱，印痕很浅，有一圈手抹过的痕迹，将绳纹抹平。通高 11 厘米，口径 23.8 厘米。

邕宁顶蛳山遗址出土的陶釜

大新歌寿岩遗址出土的陶釜

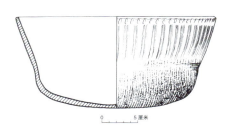

0   5厘米

【甑皮岩 BT2 ⑥:022】陶盆

陶豆：【甑皮岩 K 矮支 T1:055】泥质灰黄陶，陶土未经淘洗，质不纯。敞口，斜弧壁，下附喇叭形矮圈足。圈足与盘分制然后粘接成器，经慢轮修整。素面，器内、外壁均施一层细泥陶衣并经磨光，大部分陶衣已脱落。火候较高，陶质较硬。通高 7.9 厘米，口径 24.8 厘米。

【甑皮岩 K 矮支 T1:055】陶豆

陶支脚：主要发现于桂北的山坡遗址、桂林甑皮岩、平南石脚山等洞穴遗址，年代多为新石器时代晚期。多为圆柱状，束腰，实心或空心。平南石脚山采集的一件为夹细砂红褐陶，圆柱状，束腰，两端平，中间有直径 2 厘米的圆孔相通，器表饰中绳纹。通高 8.6 厘米，直径 6.5 厘米。

平南石脚山采集的陶支脚

陶钵：【武鸣弄山 WL 支 4:13】夹细砂黑陶，敛口，平唇，弧腹，圜底近平微内凹。器表饰交错细绳纹，纹路较深。器内外有烟炱痕。通高 7.4 厘米，口径 14.8 厘米，腹径 15.2 厘米。

【武鸣弄山 WL 支 4:13】陶钵

陶碗：【武鸣弄山 WL:30】夹细砂黑陶，敞口，浅弧腹，圜底，底附喇叭形矮圈足。器表饰交错细绳纹，近口部内外壁上有陶衣并磨光。通高 6.8 厘米，口径 16.6 厘米。

【武鸣弄山 WL:30】陶碗

陶壶：【武鸣弄山 WL 厅 :12】近泥质红褐陶，黑胎，胎薄。微敞口，高直领，斜肩，折腹，圜底，底附喇叭形高圈足，足与器身分制，然后粘接而成。器身通体饰细绳纹，肩和腹上部在绳纹之上再刻划 5 组三线曲折纹。肩部有 3 个锯齿状的附加堆纹。圈足上饰三角形镂孔，每 3 个一组。通高 18.7 厘米，口径 10.8 厘米，腹径 17 厘米。

【武鸣弄山 WL 厅 :12】陶壶

陶纺轮：有圆饼形、算珠形、圆台形等形状。平南石脚山出土的一件陶纺轮，为泥质黑陶。纵剖面呈梯形，中间穿孔，底面饰对称的戳点纹。高 1.6 厘米，面径 2.9 厘米，底径 3.8 厘米。

平南石脚山出土的陶纺轮

二、石器

新石器时代的石器以磨制石器为主，但在一些早期的洞穴遗址和较多的河旁台地遗址及海滨贝丘遗址中有较多的打制石器，由于打制石器在旧石器时代考古中已有专门介绍，因此这里主要介绍磨制石器。

石斧：【桂林甑皮岩遗址 K495】褐色粉砂岩。器身平面近梯形，横截面呈椭圆形，顶部略平，两侧微外张，双面弧刃。刃部及器身大部分磨制，顶部留有琢打的麻点或小凹疤，两侧可见打制时的片疤痕迹，右下刃端有一小崩疤，刃缘处使用痕迹不明显。长12.7 厘米，宽 6.5 厘米，厚 3.3 厘米。

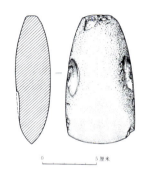

【桂林甑皮岩遗址 K495】石斧

有肩石斧：【大新歌寿岩 DG:05】青灰色石质，宽柄，对称双斜肩，双面弧刃，一面磨刃面较窄，另一面的磨刃面较宽。通体磨光，只在一面有少量的打制疤痕。长 7.4 厘米，柄宽 4.4 厘米，刃宽 7.2 厘米，厚 1.2 厘米。

【大新歌寿岩 DG:05】双肩石斧

石锛：【桂林甑皮岩 BT3⑫:001】青灰色粉砂岩。器体略呈梯形，横剖面近扁圆形，圆弧顶并留有部分未磨平的打击崩疤，正面及背面均呈弧背形。单面凸弧刃，没有使用痕迹。长 10.1 厘米，宽 6.5 厘米，厚 3.1 厘米。

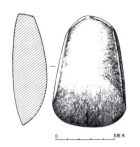

【桂林甑皮岩 BT3 ⑫ :001】石锛

有肩石锛：【武鸣弄山 WL 支 4:10】黑色火成岩，短宽柄，对称双斜肩，肩角近圆，弧刃，刃部残缺，有明显的使用痕迹。正面有一较窄、呈长条形的磨刃面。器体扁平对称，除柄部外，其余均磨光。长 10.6 厘米，刃宽 9.4 厘米，柄宽 5.4 厘米，厚 1.3 厘米。

穿孔石器：【桂林甑皮岩 SBK:492】由天然灰褐色细砂岩质砾石制成。器体圆而厚，使用两面对钻法在中央钻磨穿孔，孔内有钻磨而成的光滑痕迹，两面孔径大致相等。长 9.6 厘米，宽 7.7 厘米，厚 4 厘米，孔径 1.6 厘米。

【武鸣弄山 WL 支 4:10】双肩石锛　　　　　【桂林甑皮岩 SBK:492】穿孔石器

石铲：【灌阳五马山 GTSW 采 :06】宽柄，双斜肩近平，肩以下有两个对穿的圆孔，器身略呈梯形，刃部残缺，有使用痕。通体磨制，但不光滑。长 18.2 厘米，刃宽 8.4 厘米，厚 1 厘米。

大石铲：【隆安大龙潭 TA1：梁】小柄，斜弧肩，肩角上翘，短袖束腰，袖口呈锯齿状，长腰，腰自袖口以下逐渐外展，刃端呈舌形，双面刃较钝。长 20 厘米，宽 7.4 厘米，厚 1 厘米。

【灌阳五马山 GTSW 采 :06】石铲　　　　　【隆安大龙潭 TA1：梁】大石铲

石镞：【兴安磨盘山 XM:12】镞身三棱形，横断面近等腰三角形，锋呈锐尖，已残，圆铤，铤与镞身分界明显。残长 5 厘米。

石网坠：一般用扁平椭圆形砾石在两侧交互打击或单向打击一缺口，成束腰形而成。南宁西津遗址出土的一件石网坠，制作精致，长条形，两端的两侧均有一对凹口，长 8.6 厘米。

三、骨器

骨器多发现于洞穴遗址和贝丘遗址中，大部分由动物的长骨制成。

骨针：【甑皮岩 K:033】锋尖略残。横剖面圆形。器表浅黄色。顶端对钻一细孔，通体磨制光滑。残长 8.2 厘米，宽 0.6 厘米，孔径 0.2 厘米。

骨镖：【甑皮岩 K:035】上、下两端略残。器形宽扁，中部一棱略明显，两侧有略对称的三组粗短的倒刺。器表浅黄色。通体磨制。残长 7.6 厘米，厚 0.8 厘米。

骨锥：有的仅一端磨出尖锋，也有的两端都有尖锋，横截面有圆形、椭圆形、宽扁形等，大小、长短也各有区别。邕宁顶蛳山遗址出土的一件骨锥，柳叶形，两端有尖锋，横截面为椭圆形；通体磨制较精致，尖锋部经抛光；长 8.1 厘米。

骨鱼钩：形状与现在的鱼钩相似。钩身横断面呈圆形或椭圆形，钩尖大多向内弯曲，柄端有的有数道凹槽，以便系绳。邕宁顶蛳山遗址出土的一件骨鱼钩，其横断面为椭圆形，通体磨制。

【甑皮岩 K:033】骨针　　【甑皮岩 K:035】骨镖　　邕宁顶蛳山遗址出土的骨锥　　邕宁顶蛳山遗址出土的骨鱼钩

四、蚌器

蚌器主要见于河旁台地的贝丘遗址和桂林的早期洞穴遗址之中，特别是贝丘遗址中出土的数量最多。由于各地生长的蚌类不同，因此用以制作出的蚌器大小和形态各异。器型主要有刀、勺（匕）、铲、网坠等。

蚌勺：桂林甑皮岩出土的一件（甑皮岩 K:017）利用整个蚌壳的自然形体加工而成。右侧铰合部切削成长条形的手柄，左侧为较宽略凹的勺体，手柄及勺体边缘均打磨光滑，手柄与勺体交界处有浅的横向凹槽，近手柄顶端磨制有一块小的凹面，以便紧握；勺体边缘有少许凹疤，应为使用痕迹；长8.8厘米，宽3.7厘米。南宁西津遗址出土的一件为用三角帆蚌的腹部厚重处制成，先打制出形状，再磨光成形；平面呈勺形，柄较宽，柄端磨成圆弧状，前端近弧形；长10.5厘米，宽4.9厘米，厚1厘米。

【甑皮岩 K:017】蚌勺　　　　　　　南宁西津遗址出土的蚌勺

蚌刀：河旁台地贝丘遗址所出的蚌刀，大多为用三角帆蚌制成，体较大、厚重；平面多呈三角形，有的在窄端打出一内凹、像鱼嘴的豁口，使整个器形又状似鱼头形；中部均穿孔，多数为一孔，少数穿两孔，孔均对钻而成。桂林甑皮岩遗址出土的蚌刀，用近扁椭圆形的珠蚌制成，中部单向钻一孔，形状不规则；远端边缘有细碎

河旁台地贝丘遗址出土的蚌刀

的凹痕，应为使用痕迹；长 7 厘米，宽 4.2 厘米，孔最大径 1.5 厘米。邕宁顶蛳山遗址出土的一件双孔蚌刀，为平面近等边三角形，窄端打出一内凹的鱼嘴，状似鱼头；弧刃，刃部有使用痕迹，中部对穿一孔；长 9.8 厘米，宽 7.2 厘米，厚 0.2 ～ 1.0 厘米。

桂林甑皮岩遗址出土的蚌刀　　　　　　　　邕宁顶蛳山遗址出土的双孔蚌刀

蚌铲：平面呈长条形或梯形，周边经打磨，单面磨出较薄的刃部。横州秋江遗址出土的一件为平面近梯形，弧刃；两侧及柄端均磨平；长约 8.8 厘米，最宽 4.6 厘米，厚 1.2 厘米。

蚌网坠：只见于桂南地区的河旁台地贝丘遗址中，系用个体较小的丽蚌的一边从中间打穿一孔而成，没有另外的加工痕迹。南宁豹子头遗址出土的一件网坠，平面近椭圆形，孔较大；长 10 厘米，宽 7.4 厘米，厚 0.2 ～ 1.1 厘米。

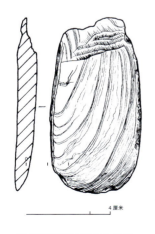 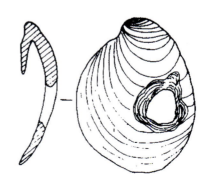

横州秋江遗址出土的蚌铲　　　　　　　　南宁豹子头遗址出土的蚌网坠

第六章
先秦时期考古常识

第一节　发现及研究概况

　　先秦是中国历史学的一个时间概念，通常是指秦朝以前的文明社会阶段，一般包括夏、商、周三代（公元前 21 世纪至公元前 221 年），而不是严格意义上的考古学年代（如旧石器时代、新石器时代等）。由于广西考古学文化的年代序列和谱系框架尚未完全确立，且有较多的缺环，因此广西先秦时期考古并不完全等同于夏、商、周三代考古，一般认为，广西先秦时期考古就是指广西的青铜时代考古，它的起止时间界限并不十分明确。

　　广西先秦时期考古发现以墓葬居多，遗址也有不少，但大多只是在地表采集到少量先秦文物，而遗址的范围、文化层堆积情况尚不清楚，经过科学发掘的遗址不多。

一、遗址

　　广西先秦时期的遗址主要有两类，一类是以含几何形印纹陶为主的遗址，另一类是以含夹砂绳纹陶为主的遗址。

　　目前看来，以含几何形印纹陶为主的遗址主要分布在桂东北的桂林全州、兴安、灌阳、恭城、平乐，贺州富川、钟山、昭平和桂东南的梧州苍梧、岑溪，贵港平南、容县，玉林北流，钦州浦北，北海合浦，防城港等地。这类遗址一般存在于山脚的洞穴中、山坡及河流的台地上。先秦时期的贝丘遗址，目前广西还没有发现。

　　目前，广西的含几何形印纹陶遗址没有一处经过科学发掘，在地表采集到的陶片中，绝大部分是泥质硬陶，也有部分为夹砂硬陶和少量的泥质软陶，纹饰以拍印的夔纹、云雷纹、羽状纹、曲折纹、米字纹、方格纹为主。从广西及邻近的广东、湖南的考古发现看，不同装饰风格的含几何形印纹陶，其存在的时间是不一样的。在广东北部和珠江三角洲地区，装饰曲折纹、叶脉纹、云雷纹、方格纹的陶器常见于青铜时代早期（相当于商代）遗址中，且多与施绳纹、篮纹的陶器共存。夔纹陶则主要盛行于西周至春秋。米字纹陶出现的时间较晚，延续的时间较长，在两广主要流行于战国时期。方格纹出现的时间较早，延续的时间最长，在西汉成为陶器上占压倒性优势的装饰纹饰。在湖南的湘江中上游地区，曲折纹流行的时间相当于中原晚商及西周早期，云雷纹也出现于这一时期。在沅水和资水上游地区，曲折纹、叶脉纹、云雷纹出现的时间稍早。先秦广西含几何形印纹陶文化遗存的年代与湖南、广东同类遗存虽基本相同，但广西的发展序列尚不清楚。

在广西，含夹砂绳纹陶出现于新石器时代早期，商周以后式微。先秦时期，含夹砂绳纹陶的遗址主要分布在湘桂铁路以西地区，在这个区域内基本不见含几何形印纹陶文化遗址。含夹砂绳纹陶遗址主要分布于山间谷地山脚宽敞的洞穴中或河流两岸的台地上，主要遗址有那坡感驮岩遗址、马山六卓岭遗址和尚朗岭遗址、大化布屯遗址等。这类遗址出土的陶片均夹砂，器腹表面多施绳纹，在肩、腹还常见有各种各样的刻划纹，素面多打磨光洁，口沿、领部及圈足多带抹痕，火候较高，陶色斑驳不均，陶片厚薄也不大均匀；器型以圜底器为主，有的带圈足，领部比较高。这类遗址出土的石器多呈灰色、灰黑色或黑色，质地较硬，多打磨光洁，色泽较好，刃口多锋利；主要器型有长条形的石斧、石锛、凹刃石凿及有肩石器。

先秦时期的此类遗存多是从当地的新石器时代文化的基础上发展而来的，两者存在比较密切的关系。在地表采集到的陶片和石器，常常难以准确判断其是新石器时代还是先秦时期的，碰到这种情况，将其归入新石器时代比较稳妥些。

二、墓葬

广西先秦时期的墓葬也有两种类型，一类是土坑墓，另一类是岩洞葬。

土坑墓数量较多，已发现 700 余座，经清理发掘的约 570 座，年代以西周、东周为主。主要集中分布在漓江、桂江、贺江、右江流域和大新、宾阳、岑溪一线的桂南地区。目前看来，广西先秦时期的土坑墓一般分布在河谷丘陵地带低矮的岭坡上。在文化内涵方面，主要表现为以下三个特点：一是墓地有一定的规模，墓葬排列比较整齐，缺少叠压打破关系。二是墓葬均为长方形竖穴土坑墓，墓上没有封土，没有规模较大的墓，桂东地区墓底设腰坑的现象比较普遍，桂西地区则基本不见腰坑。三是随葬品以铜器和陶器为主，还有玉质装饰品，石器和铁器少见。铜器以青铜兵器和工具为主，青铜容器和礼乐器少见。陶器年代较早的土坑墓出土的陶器以夹砂陶为主，器类单一，多是圜底的釜、罐类，战国时期的土坑墓则出土较多的含几何形印纹硬陶，如瓮、罐、杯、盒等。装饰品以各种形式的玦为主。

发现有先秦土坑墓的岭坡，一般附近都有河流和比较开阔的谷地。在野外调查时，对河谷地带村庄附近的岭坡应多加关注。由于这类岭坡比较适合植树和耕种，当地群众耕作时可能会翻出一些陶片或铜片，因此除注意访问当地群众外，还应注意岭坡地表是否散落陶片等遗物，这是发现这类墓葬的重要线索。

广西先秦时期岩洞葬主要集中在桂西地区，桂东地区到战国时期才出现岩洞葬。目前看来，广西岩洞葬出现时间早，延续时间长，有明确的分布地域，随葬品特色鲜明。先秦时期岩洞葬与同时期的以含夹砂绳纹陶为主的遗址构成了有别于以土坑墓为代表的考古学文化，也有别于以大石铲为代表的考古学文化，且有自己的演进脉络。

由广西文物考古研究所（今广西文物保护与考古研究所）和南宁市博物馆编著的《广西先秦岩洞葬》对广西先秦时期岩洞葬进行了系统的介绍，对先秦时期岩洞葬的分布规律、发展脉络、时代特征等进行了较好的总结，对开展先秦时期岩洞葬的调查具有较好的指导作用。

应该说广西先秦时期考古尚处于物质文化资料的积累阶段，对这一时期的考古学文化发展演化的认识也处在不断深化的过程中。纵观这一时期的考古材料，不难发现，先秦时期的遗址，尤其是大型的中心聚落遗址的发现与研究，是今后先秦考古工作的重中之重。在第四次文物普查过程中，湘江、漓江、桂江、贺江、洛清江、柳江、右江等流域，特别是过去曾发现过先秦墓葬的附近地区，应是需要格外努力寻找发现这一时期遗址的地方。

第二节　遗址和墓葬举例

广西发掘了不少先秦时期的遗址、墓葬，其中具有代表性的有那坡感驮岩遗址、武鸣元龙坡墓群、平乐银山岭战国墓群、岑溪花果山战国墓、武鸣安等秧战国墓、武鸣敢猪岩洞葬等。

一、那坡感驮岩遗址

那坡感驮岩遗址位于百色市那坡县城北约 500 米的人民公园内，是六韶山余脉后龙山脚处一个宽敞的洞穴遗址。洞口向西，洞内南侧有一泉水流出，注入洞前人工围造的团结湖。洞口高出湖面约 5 米，洞高 1 ～ 20 米、宽 20 ～ 70 米、进深 30 ～ 50 米。洞内南侧靠近洞口处为宋至明清历代衙署及庙宇遗迹，其后为巨型钟乳石柱。洞室内低外高，地面全部铺上混凝土。洞内有碑刻、石刻共 54 方。1958 年，当地农民在洞内挖岩泥时发现较多的磨制石器和陶片，1962 年广西壮族自治区博物馆对洞内残存的堆积进行试掘。1997 年 8 月至 1998 年 1 月，广西壮族自治区文物工作队和那坡县博物馆联合对该遗址进行了考古发掘，发掘面积约 380 平方米。发掘情况表明，该遗址的文化堆积主要是新石器时代和青铜时代。青铜时代的遗存有陶、石、玉、骨、蚌等质料的生活用具、生产工具、兵器、装饰品等。陶器以夹砂灰褐色、灰黑色陶为主，有部分红褐陶和红色陶；绳纹盛行，还有各种几何形刻划纹及戳印纹、彩绘等，器物口沿流行拍印花边，器表多打磨；多圜底、圈足器，器类有敞口釜、杯形罐、高领罐、圈足罐、壶、盆、

那坡感驮岩遗址外景

钵、簋形器、纺轮等。石器用料讲究，磨制精美，器类有斧、锛、凿、杵、锯、范、镞、钺等，还有用来磨制石、玉、骨器的砺石。玉器种类有斧、锛、凿、矛、环、镯、玉片等。骨器种类有牙璋、铲、锥、镞、簪等。蚌器仅见刀一种。此外，该遗址还出土了大量炭化籼稻、炭化鸭掌粟和骨骼、牙齿等动物遗骸。年代相当于商周时期。

那坡感驮岩遗址发掘场景

二、武鸣元龙坡墓群

武鸣元龙坡墓群位于南宁市武鸣区马头镇马头社区东北约 500 米的元龙坡上，共清理墓葬 350 座，均为长方形竖穴土坑墓，部分墓葬有二层台和长方形、半圆形侧室。墓葬分布密集，排列整齐，填土经夯实，有的墓坑经烧烤，人骨皆朽蚀无存，葬式不明。有 54 座墓没有随葬品，有随葬品的墓一般每座墓只有 3～4 件随葬品，最多不过 10 件，没有明显差别。将随葬品打碎后散放在填土中及墓底的现象普遍。296 座墓共出土随葬器物 1000 多件，有陶、铜、玉、石等质料的生活用具、生产工具、兵器、佩饰等。陶器以夹砂陶为主，绝大多数为圜底，有少量圈足、平底器，种类有折沿釜、敞口折沿圜底罐、敞口深腹圜底罐、敞口圜底钵、敞口平底钵、小口罐、圈足壶、圈足碗、圈足杯、纺轮等；器表多经打磨，以素面为主。彩绘陶、铜器出土 110 余件，种类有盘、卣、矛、钺、斧、剑（匕首）、刀、镞、针、圆形器、凿、镦、铃、钟、链环等。玉器出土 200 余件，种类有环、玦、珏、管饰、穿孔玉片、坠子、扣形器、方形玉片、镂空雕饰、凿等。石器出土 200 余件，种类有范、砺石等。石范的发现，特别是部分铜钺、镞、刀、斧等可放入相应的石范内，说明这些器物是利用此种石范浇铸的，证明当时已有一定规模的青铜冶铸业。年代为西周至春秋。

武鸣元龙坡墓地外景

武鸣元龙坡墓地墓坑

三、平乐银山岭战国墓群

平乐银山岭战国墓群位于桂林市平乐县张家镇燕水银山岭上。1958 年发现，1974 年发掘，共发掘墓葬 165 座，其中战国墓 110 座、汉墓 45 座、晋墓 1 座、不明年代墓 9 座。战国墓为长方形土坑，墓底多见腰坑，坑内多随葬罐或瓮。随葬品共 1044 件，有青铜器、陶器、玉石器、铁器等。青铜器为鼎、剑、斧、钺、戈、矛、削、刮刀、镞等，其中随葬带有"江"和"鱼"铭文的青铜器非常精美。陶器为瓮、罐、瓿、壶、鼎、盒、杯、钵等。

平乐银山岭战国墓出土的夔纹青铜盖鼎

平乐银山岭战国墓发掘现场

四、岑溪花果山战国墓

岑溪花果山战国墓位于岑溪市糯垌镇糯垌社区北侧 300 米的花果山上。1986 年发现，1991 年、1992 年发掘，共清理 14 座墓葬，均为长方形土坑，其中 13 座墓葬有圆形腰坑，坑内随葬器物为陶器。墓长 2.0 ～ 2.4 米、宽 0.8 ～ 0.9 米、深 1.0 ～ 1.8 米。墓葬出土遗物 49 件，其中铜器 30 件、铁器 1 件、陶器 14 件、石器 4 件，包括兵器、生产工具、生活用具和装饰品等四大类，青铜器有鼎、剑、矛、刮刀、削、镞、钺等，陶器有瓮、罐、瓿等。

岑溪花果山战国墓葬腰坑

五、武鸣安等秧战国墓

武鸣安等秧战国墓位于南宁市武鸣区马头镇马头社区安等秧山坡上。1985 年发掘，清理出墓葬 86 座、方形土坑 12 个。墓葬均为长方形土坑墓，随葬品 205 件，有青铜器、陶器、玉石器。青铜器为小件器，类型有剑、矛、刮刀、钺、铃等；陶器为夹砂软陶和几何印纹硬陶，类型有罐、杯、钵等；玉石器为玦、璜。

武鸣安等秧战国墓 M13 发掘现场

六、武鸣敢猪岩洞葬

武鸣敢猪岩洞葬位于南宁市武鸣区马头镇那堤村东约 1 千米的敢猪山近山顶处，周围是典型的峰丛洼地。1974 年发现，2006 年清理。墓葬所在的岩洞高出山脚约 60 米。洞口东南向，小而隐蔽，不易被发现。尸骨和随葬品摆放在一个平面大致呈"凸"字形的洞室内，面积约 30 平方米。在洞室中部的黄色黏土层中有 8 处集中摆放的人骨和随葬品，没有发现挖掘墓坑的现象，也没有发现葬具，推测安置死者的方式为平地摆放，葬式可能为屈肢葬，葬法为一次葬，尸骨有用火焚烧的迹象。所采集的人骨经鉴定有 16 个个体，其中成年男性 6 个、成年女性 7 个、未成年 3 个。随葬品包括陶器 17 件（另有陶片 1000 余片），石器 21 件，玉器（片）1797 件，青铜戈 1 件，骨器 4 件，海贝 2 件，贝壳 6 件，小石子 597 颗。陶器均为夹砂陶；陶色有红色、红褐色、灰黄色、橙黄色、灰色、黑色等几种，以红褐色、橙黄色和黑色为主，但器表颜色多不均匀，一件器物上常有多种颜色并存；器表多素面，占95%以上，少量饰细绳纹；器类以圜底器和圈足器为主，极少三足器；器型有壶、釜、罐、钵、杯、豆、盘、簋形器、纺轮等，以罐、壶为主。石器全部磨制光滑，器形精美，器体小，多为生产工具；器型有锛、凿、钺、刀等，以锛、凿为主。玉器为以透闪石为主的软玉类，器型有锛、凿等生产工具和玦、环、镯、璜、管饰、穿孔玉片等装饰品，以装饰品为主，玉制的生产工具与石器在器型、制作方法上相同，器体小，刃缘锋利。骨器有锥、镞、璜等。

武鸣敢猪岩洞葬洞口

清理后的武鸣敢猪岩洞葬全貌

第三节　器物分类与描述

广西先秦时期的遗址和墓葬发现大量的器物，主要有陶器、玉石器、青铜器等类型，陶器有壶、釜、罐、钵、杯、豆、盘等，玉石器有锛、凿等生产工具和玦、环、镯、璜、管饰、穿孔玉片等装饰品，青铜器有鼎、斧、削、镞、剑、矛、刮刀、钺、铃等。

一、陶器

广西先秦时期的陶器以含几何形印纹陶的时代特征最为明显，夹砂陶的时代特征不易把握。现将常见的含几何形印纹陶和夹砂陶的主要纹饰与器型介绍如下。

（一）含几何形印纹陶

1. 主要纹饰

广西先秦时期的含几何形印纹陶的纹饰主要有夔纹、云雷纹、羽状（叶脉）纹、曲折纹、米字纹、方格纹、回字网状纹等。

夔纹是一种变形龙纹。有两种形式，一种线条很柔和，主线两侧出爪，像英文字母F；另一种折线成方角。

云雷纹是指以连续的回旋线条勾勒而成的几何图纹。

羽状（叶脉）纹是指以短斜线呈复"人"字形构成的羽状（叶脉）纹饰。

曲折纹是指以短线呈曲尺形构成的几何图纹。

米字纹是指以多条长斜线交叉形成"米"字形的几何图纹。

方格纹是指以多条斜线或直线交叉形成方格的几何图纹。

回字网状纹是指以多条短线组成"回"字形并在其中填以两条交叉短线的几何图纹。

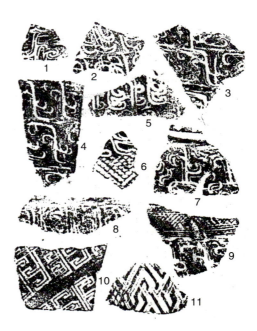

夔纹

1、11—贺县（今贺州市）牛岩村；

2—贺县五指山；3、4、9—富川大山；

5—灌阳古城岗；6、8—贺县五指山；

7—富川鲤鱼山；10—灌阳马山背。

含几何形印纹陶的纹饰

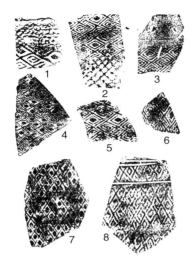

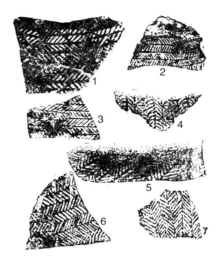

云雷纹

1—恭城同乐；2～6—贺县三圳碑；

7—北流头督山；8—北流葫芦岭。

羽状（叶脉）纹

1—全州建安司；2—灌阳三角；3—贺县三圳碑；

4—北流大元山；5—北流铜石岭；6、7—东兴牛头村。

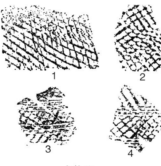

曲折纹

1～3—富川鲤鱼山；

4—恭城同乐。

方格纹

1—东兴牛头村；2—恭城同乐；

3—富川大山；4—贺县西牛村。

米字纹

1、3—兴安一甲；2—富川东庄；

4、5—贺县三圳碑；6、7—贺县

西牛村。

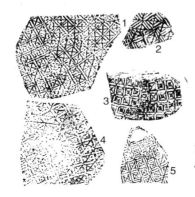

回字网状纹

1、2—灌阳坚固岭；3—灌阳黄关；

4—灌阳达溪山；5—灌阳金家岭。

含几何形印纹陶的纹饰

2.主要器型

广西先秦时期含几何形印纹陶的主要器型有瓮、罐、釜、瓿、盒、钵、杯等。

陶瓮：一般是大口、高鼓腹、小平底。【岑溪花果山采:38】泥质灰陶，肩部施弦纹和水波纹，腹部施米字纹。通高38厘米，口径18.5厘米，底径24厘米。

陶罐：形式多样。【武鸣安等秧 M45:8】泥质灰陶，圆直唇，肩部有穿孔双耳，腹上部略鼓，腹下部斜收成平底。口沿至腹中部刻划九组水波纹、弦纹。通高14.5厘米，口径16厘米，底径15.3厘米。

陶釜：贺州八步区桂岭出土的陶釜，直口、短领、鼓腹、圜底，上腹有穿孔小耳，腹上部施夔纹，腹下部施绳纹。通高24.9厘米，口径19.2厘米，腹径28厘米。

【岑溪花果山采:38】陶瓮

【武鸣安等秧 M45:8】陶罐

贺州八步区桂岭出土的陶釜

平乐县银山岭 74 号战国墓出土的陶瓿

陶瓿：平乐县银山岭 74 号战国墓出土的陶瓿，泥质灰陶，火候较高，胎质坚硬。方唇，直口，圆腹，平底，无盖无耳。肩部及腹部刻划水波纹。通高 12.5 厘米，口径 11.2 厘米。

陶盒：【武鸣安等秧 M66:5】泥质灰陶，小卷沿，扁鼓腹，小平底，带盖。肩腹部施弦纹和水波纹。通高 9 厘米，口径 8.4 厘米，底径 6 厘米。

陶钵：【武鸣安等秧 M62:2】泥质灰陶，敛口，折腹，小平底。腹上部施水波纹和弦纹。通高 6.6 厘米，口径 8 厘米，底径 5 厘米。

陶杯：【武鸣安等秧 M7:2】泥质灰陶，直口，直腹，小平底。通高 4.3 厘米，口径 5.1 厘米，底径 3.6 厘米。

【武鸣安等秧 M66:5】陶盒

【武鸣安等秧 M62:2】陶钵

【武鸣安等秧 M7:2】陶杯

（二）夹砂陶

广西先秦时期夹砂陶的纹饰以绳纹为主，器型以釜、罐为主，还有壶、簋、碗、盆、豆、杯等。

夹砂陶釜：一般是大口，鼓腹，圜底，器表多施绳纹或素面。【武鸣岜马山 WBD6:5】夹细砂灰褐陶，器底有烟炱痕迹，火候较高。体矮小，大敞口，短领，束颈，圆肩，圆腹，最大径在腹中部，圜底。通高 12.4 厘米，口径 13.7 厘米，腹径 15 厘米。

【武鸣岜马山 WBD6:5】夹砂陶釜

夹砂陶罐：一般是高领，鼓腹，圜底，器表施绳纹或打磨。【那坡感驮岩 AT01 ② :53】夹砂灰黑陶，侈口，方唇，高领内弧，折肩，鼓腹，圜底。领部经打磨，见有绳纹痕迹，肩部以下饰绳纹。通高 15.2 厘米，口径 15.2 厘米，腹径 25.2 厘米，壁厚 0.8 厘米。

【那坡感驮岩 AT01 ② :53】夹砂陶罐

夹砂陶壶:一般是高领，长弧腹，圜底，圈足，器表多施绳纹或打磨。【武鸣岜马山 WBD3:3】红褐色夹砂陶，敞口，尖唇，沿外折，圆肩上耸，深圆鼓腹，最大径在腹中部，圜底，底附矮圈足，足外撇。通高 29.2 厘米，口径 14.8 厘米，腹径 25.8 厘米，足径 16.5 厘米。

【武鸣岜马山 WBD3:3】夹砂陶壶

夹砂陶簋：一般是大广口，深腹，圜底，圈足，器表多打磨。【那坡感驮岩 AT01 ② :52】夹砂灰黑陶，敞口，方圆唇，深腹，圜底，圈足。通高 21.6 厘米，口径 25.2 厘米，底径 15.2 厘米，壁厚 0.6 厘米。

【那坡感驮岩 AT01 ② :52】夹砂陶簋

【武鸣敢猪岩2006WG:30】夹砂陶碗

【那坡感驮岩AT01②:56】夹砂陶盆

【武鸣敢猪岩2006WG:51】夹砂陶豆

【那坡感驮岩BT05②:9】夹砂陶杯

夹砂陶碗：一般是广口，斜弧腹，圜底，圈足。【武鸣敢猪岩2006WG:30】红褐夹砂陶，敞口，尖唇，微折沿，弧腹，圜底，底附矮圈足，足略外撇。通高10.4厘米，口径20厘米，足径13.6厘米。

夹砂陶盆：一般是大广口，深弧腹，宽圜底，大圈足，素面。【那坡感驮岩AT01②:56】夹砂红褐陶，敞口，方唇，弧壁，圜底，高圈足斜直外撇。器体外壁磨光，圈足局部见有绳纹痕迹。通高25.6厘米，口径43.2厘米，足径22.8厘米，壁厚5～12厘米。

夹砂陶豆：一般是广口，浅盘，喇叭形圈足。【武鸣敢猪岩2006WG:51】夹细砂红褐陶，敞口，尖唇，微斜沿，浅盘，弧腹，下附高圈足。豆盘内底和圈足内底为黑色，喇叭形高圈足，中有一小节圆柱形柄。通高6.8厘米，口径10.4厘米，盘深2.6厘米，圈足直径7.4厘米。

夹砂陶杯：一般是小口，深腹，圈足。【那坡感驮岩BT05②:9】夹砂红褐陶，敞口，尖圆唇，斜直深腹，平底，圈足，器表磨光。通高10厘米，口径8.4厘米，足径5.4厘米，壁厚0.2～0.4厘米。

二、石器

广西先秦时期的石器主要在遗址和岩洞葬中出土，土坑墓较少发现；器型以磨制各种形式的斧、锛为主，还有凿、镞、戈、矛、钺等。

石斧：刃锋居中的呈斧形的磨制石器。有长方形、梯形、有肩等形式。

【那坡感驮岩 AT01② :27】 长方形，灰褐色砂岩，顶端残，两侧边有打制疤痕。残长 9.6 厘米，刃宽 7.2 厘米，厚 0.16 厘米。

【那坡感驮岩 BT01③ :13】 梯形，灰黄色砂岩，系利用天然的扁平石板磨出刃部而成。器体较大且厚重，弧刃。长 28 厘米，宽 18 厘米，厚 4.8 厘米。

【那坡感驮岩 AT01③ :6】 梯形，青灰色变质岩，截面近椭圆形。长 11 厘米，宽 5.6 厘米，厚 1.5 厘米。

【忻城矮山 XA:22】 双肩，灰黑色，背面凹凸不平，正面凸起，双肩倾斜，歪柄。长 6.9 厘米，柄宽 2.4 厘米，刃宽 4.8 厘米，厚 0.8 厘米。

| 【那坡感驮岩 AT01② :27】石斧 | 【那坡感驮岩 BT01③ :13】石斧 | 【那坡感驮岩 AT01③ :6】石斧 | 【忻城矮城山 XA:22】双肩石斧 |

石锛：刃锋偏于一侧的呈锛形的磨制石器，有长方形、长梯形、短梯形、有肩等形式。

【武鸣敢猪 2006WG:59】 器表浅灰白色，近长方形，背面平，正面隆起，上端中部平，横断面呈不规则的六边形，最厚处在器身中部，单面直刃，磨刃面宽而平缓，呈近三角形。长 4.4 厘米，顶宽 2.1 厘米，刃宽 2.5 厘米，厚 0.7 厘米。

【那坡感驮岩 AT01② :23】 绿色变质岩，长梯形，背面顶端较平，侧面有一道割磨槽痕。平刃，刃部有破碴。长 7.7 厘米，上宽 2.7 厘米，下宽 3.8 厘米，厚 0.7 厘米。

【**武鸣敢猪** 2006WG:66】暗青色，体短而厚，顶平直，磨刃面为梯形，通体磨光。长 3 厘米，刃宽 2.9 厘米，厚 0.65 厘米。

【**龙州更洒** 07LG:17】灰色硅质岩，短宽柄，长身，不对称双斜肩，器身一侧边已残，顶端平，正面略凸，背面平直，单面弧刃，磨刃面较陡，刃缘锋利。通体磨光，但表面保留有较多的打制疤痕。长 7 厘米，刃宽 3.4 厘米，最厚 1.6 厘米。

【武鸣敢猪 2006WG:59】　【那坡感驮岩 AT01 ② :23】　【武鸣敢猪 2006WG:66】　【龙州更洒 07LG:17】
长方形石锛　　　　　　长梯形石锛　　　　　　短梯形石锛　　　　　　双肩石锛

石凿：刃部锋面由两侧向中间下凹的磨制石器。

【**那坡感驮岩** BT01 ② :1】青黄色变质岩，锋部较长，下凹较深。平刃，有破碴。长 9.6 厘米，刃宽 4.5 厘米，厚 1.9 厘米。

【**武鸣敢猪** 2006WG:65】灰黑色砂岩，平面呈细长条梯形，背面呈弧形，正面微隆起，单面凹弧刃。除顶端外，其余全部磨光。长 5 厘米，顶宽 1 厘米，刃宽 1.6 厘米，厚 0.7 厘米。

【那坡感驮岩 BT01 ② :1】凹刃石凿　　　　　　【武鸣敢猪 2006WG:65】凹刃石凿

石镞：俗称"箭头"，有柳叶形、燕尾形等形式。

【**那坡感驮岩** BT01③:15】柳叶形石镞，灰色砂岩，柳叶形，有铤，侧锋向前收成尖锋。残长 6.8 厘米，宽 2.2 厘米，厚 0.3 厘米。

【**那坡感驮岩** AT01① B:25】燕尾形石镞，灰黑色粉砂岩，燕尾形，中间有棱脊，截面为菱形。

【那坡感驮岩 BT01③:15】柳叶形石镞　　　　【那坡感驮岩 AT01① B:25】燕尾形石镞

石戈：一种钩杀的兵器。【**武鸣岜马山** WBD5:4】灰白色，石质坚硬，锋呈三角形，长援起脊，援上下两侧缘磨刃，方内较短，内后中部有一圆形穿孔。通体磨光。通长 22 厘米，其中援长 19 厘米、宽 5.4 厘米，内长 3 厘米、宽 4.6 厘米。

【武鸣岜马山 WBD5:4】石戈

石矛：一种刺杀的兵器。【那坡感驮岩 AT01 ② :11】浅灰黑色细砂岩，通体磨光，柳叶形，中部起脊，截面呈菱形。通长 5.1 厘米，宽 2.8 厘米，厚 0.65 厘米。

石钺：一种劈杀的兵器。【宜州鹳鹰山 YY:50】靴形，长柄，单斜肩，双面弧刃。由砾石石片琢制而成，多只磨刃部，背部微磨，除正面为天然砾石面较光滑外，其余均保留较多的琢打疤痕。柄上端残断，肩部偏下不明显。残长 7.4 厘米，刃宽 6.4 厘米，厚 1.2 厘米。

【那坡感驮岩 AT01 ② :11】石矛　　　【宜州鹳鹰山 YY:50】石钺

三、青铜器

广西先秦时期的青铜器主要出土于墓葬中，在地下或水中也有不少零星的发现。器类以生产工具和兵器为主，还有容器和乐器等。主要器型有斧、钺、戈、矛、剑、镞、鼎、尊、卣、罍、鼓、钟等。

铜斧：【灵川富足村 LF:05】器身为长方形，长方形銎，銎口呈新月形，銎部略宽，往下稍内收成弧形，然后自中下部外翘至宽刃，刃为弧形，刃角微外翘。器身上部一面饰勾连雷纹，另一面纹饰模糊不清。身两侧有范痕。通长 10.1 厘米，銎口宽 3.2 厘米，刃宽 5.1 厘米。

【灵川富足村 LF:05】铜斧

铜钺：有双肩铲形、"凤"字形、斜刃形、靴形等多种形式。

双肩铲形铜钺

"凤"字形钺

单斜刃钺

双斜刃钺

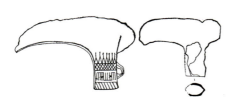

靴形钺

短靴形铜钺

铜戈：广西出土的先秦铜戈多是短内、长援、带胡、有穿。【武鸣独山 WD:07】长援微昂，脊线基部两侧饰云雷纹，短直内有一穿，长胡四穿，胡末有刺。通长 19.6 厘米，援长 13.8 厘米，胡长 5.5 厘米，内长 4.8 厘米。

【武鸣独山 WD:07】铜戈

铜矛：广西出土的先秦青铜矛主要有两种，一种是有钮矛，另一种是无钮矛。

【武鸣独山 WD:09】有钮铜矛，短叶，长骹，两侧有双钮，圆銎。通长 17.8 厘米，叶长 9.3 厘米，銎口径 2.2 厘米。【灵川富足村 LF:06】矛身柳叶形，短骹，中脊起棱，棱脊间有槽，棱脊两侧印铸"门"字形云纹共 10 个，銎口偃月形，骹作圆筒形，骹的正面印铸空心"王"字符号，下有桥形鼻钮一个。通长 28 厘米，叶最宽 4.8 厘米，銎口径 2.5 厘米。

【灵川水头村 LS:02】无钮铜矛，矛身柳叶形，圆筒形长骹，圆形銎口。叶、骹分界不明显，在两者相交处的中部有一圆形穿孔。通长 21.6 厘米，叶最宽 4.1 厘米，銎口径 2.5 厘米。

【武鸣独山 WD:09】双钮铜矛

【灵川富足村 LF:06】单钮铜矛

【灵川水头村 LS:02】无钮铜矛

铜剑：主要有两种，一种是有格，另一种是无格。

一字格铜剑，圆首，扁圆茎，一字形格，短扁身，呈梭形。如田阳七联村东邦屯出土的铜剑，通长 28 厘米，格宽 11 厘米，厚 2 厘米。

人面弓形格铜剑，剑身上部铸有倒三角形的人面纹，剑格两端上翘，弯曲如弓，故名人面弓形格剑。如田阳隆平村出土的铜剑，通长 24.2 厘米，刃宽 4 厘米，剑首并列双环，环径 1.7 厘米。

扁茎无格铜剑，扁茎短剑，形体短小，扁茎，没有剑格，肩成死折。剑首和剑身分离，剑首柄上有一个穿孔或凹口，剑茎上也有一个穿孔，二者以木片相夹而衔接；剑身很短，中脊起棱，没有任何纹饰，锋刃砥砺得相当锐利。【武鸣独山 WD:04】通长 23.1 厘米，叶最宽 3 厘米。

田阳七联村东邦屯出土的一字格铜剑　　田阳隆平村出土的人面弓形格铜剑　　【武鸣独山 WD:04】扁茎无格铜剑

铜镞：主要有两种，一种是桃形，另一种是双翼形。

桃形铜镞，武鸣元龙坡墓地出土，两端小，中间稍大，似桃形，两侧都有刃，中部有长条形透穿血槽，扁长条实铤，铤的左侧有一倒刺。

双翼形铜镞，武鸣独山岩洞葬出土，短宽身，双翼长与铤齐，前后锋尖锐，菱形脊，上端有倒钩，下有一圆孔；椭圆形铤，铤末端有銎，銎口椭圆形，铤上端有一小孔通到脊上倒钩处。通长 3.5 厘米。

武鸣元龙坡墓地出土的桃形铜镞　　　　武鸣独山岩洞葬出土的双翼形铜镞

铜刀：主要有两种，一种是单刃，另一种是双刃（刮刀）。

单刃铜刀，武鸣元龙坡出土，多为长柄弧凸刃，直背脊或峰尖微翘，背脊棱凸起如刃，柄扁平。【武鸣元龙坡 M77:1】，通长 14 厘米，宽 3.5 厘米，柄长 5 厘米，厚 0.15 厘米。【武鸣元龙坡 M222:8】，呈新月形，凸刃，凹曲背，通长 137 厘米，宽 4 厘米，柄长约 3 厘米。

【武鸣元龙坡 M77:1】单刃铜刀

【武鸣元龙坡 M222:8】单刃铜刀

双刃铜刀（铜刮刀）：形状呈竹叶形，前端尖翘，两侧有刃，横断面呈"人"字形。【武鸣独山岩洞葬 WD:10】残长 11.4 厘米。

【武鸣独山岩洞葬 WD:10】双刃铜刀（铜刮刀）

铜鼎：主要有两种，一种是蹄形足，另一种是扁足。

蹄形足铜鼎，恭城秧家出土，圆口、附耳、深腹、圜底、马蹄足。器身饰蟠虺纹、三角纹和绳纹，足跟饰兽面纹。通高 55.5 厘米，口径 58 厘米，足高 20 厘米。

恭城秧家出土的蹄形足铜鼎

扁足铜鼎，贵港罗泊湾汉墓出土。越式鼎，盘口，扁腹，平底，直足，足外侧起棱，下端稍外撇，口沿外附一对绞索形耳。口沿内侧卧刻"二斗少半"四字，是该鼎容量，实测容量为 4060 毫升。《汉书·高帝纪》韦昭注曰："凡数三分有二为大半，有一分为少半。""少半"当是三分之一（升）的意思，折合每升容量为 199.68 毫升。

贵港罗泊湾汉墓出土的扁足铜鼎

铜尊：一种是喇叭口圈足，另一种是动物形。

喇叭口圈足铜尊，恭城秧家出土，体圆，喇叭口，垂腹，矮圈足，腹部饰雷纹、地蛇斗青蛙纹。

动物形铜尊，贺州龙中岩洞葬出土，似羊形，颈、腹、足饰窃曲纹，头、角饰卷云纹和蝉纹，背盖及尾部饰鳞纹。

恭城秧家出土的喇叭口圈足铜尊

贺州龙中岩洞葬出土的铜牺尊

铜卣：广西目前发现 3 件。【**武鸣元龙坡 M147:1**】扁圆腹，圈足，有盖，有提梁；提梁作绳索状，提环饰牛头纹，盖顶有圈形抓手，圈足有直裙，盖上饰勾连云纹，上腹部饰夔龙纹带。通高 28.5 厘米，腹径 12 厘米。

铜罍：器形正视像亚字，圆体，喇叭形口，斜肩附双耳，斜腹，高圈足。田东县祥周镇联福村联合小学前南哈坡出土的铜罍，敞口，束颈，椭圆腹，兽耳带环，肩部饰涡纹和夔龙纹，腹部饰蝉形垂叶纹。形制和纹饰都有明显的商周青铜器风格。

【武鸣元龙坡 M147:1】夔纹提梁铜卣

田东南哈坡出土的兽耳铜罍

　　铜鼓：由鼓面、鼓胸、鼓腰、鼓足等部分组成，先秦时期主要有万家坝型和石寨山型。

　　万家坝型铜鼓，如田东大岭坡铜鼓，鼓面中心稍微隆起，太阳纹不规则的 11 芒，无晕圈，鼓胸素面无纹，胸腰之际有两对小扁耳，腰上半部用绳索纹夹对角三角纹纵向分格，下半部分别饰回纹、绳索纹各两道。通高 29 厘米，面径 34 厘米，胸径 40 厘米，足径 50 厘米，重 18.5 千克。

田东大岭坡万家坝型铜鼓

田东大岭坡万家坝型铜鼓局部

石寨山型铜鼓，如罗泊湾 10 号铜鼓，贵港罗泊湾汉墓出土。辫纹小扁耳两对。鼓面 12 晕。太阳纹 12 芒，芒间填斜线。第二至第四晕为点纹夹同心圆纹；第五晕为变体勾连雷纹、绳纹；第六晕素；第七晕为翔鹭纹，10 只翔鹭按逆时针方向飞翔；第八至第十二晕和胸上部、腰下部均为点纹、锯齿纹夹同心纹。胸部饰 6 组船纹，每船 6 人。船间有鹭、凫、龟。腰部纵分为 10 格，其中 8 格饰舞人 2 ～ 3 名。足部刻"百廿斤"3 个字。面径 56.3 厘米，身高 36.8 厘米，胸径 63.6 厘米，腰径 50.9 厘米，足径 67.4 厘米。

贵港罗泊湾 10 号石寨山型铜鼓

贵港罗泊湾 10 号石寨山型铜鼓局部

铜钟：有两种，一种是甬钟，另一种是羊角钮钟。

甬钟，田东大岭坡出土，直筒甬，甬上有旋，旋上有干，钟体有 36 个乳钉状的枚，枚长有景。正面钲间、篆间布满精细的勾连雷纹和云纹，舞部、于部也有精致的几何图案花纹，隧部饰夔龙纹，但是背面无纹饰。高 56 厘米，宽 33.5 厘米，重 25 千克。正面有纹饰、背面无纹饰是岭南越式甬钟的特点。

羊角钮铜钟，如容县龙井堆出土的 4 件羊角钮铜钟，形状像半截橄榄，体略显修长，上小下大，中空，底边平直，横截面呈橄榄形。顶部有竖长方形穿孔，顶端歧出两片羊角形鋬钮。

田东大岭坡出土的甬钟

容县龙井堆出土的羊角钮铜钟

石范：广西先秦时期很重要的遗物，是青铜器的铸造工具。目前，石范在那坡、武鸣、平南、灵川等地都有发现。如武鸣元龙坡墓葬出土的石范均为红色砂岩，呈长方椭圆形，正面扁平，刻凿各种器具模型，浇注口也作椭圆形。

武鸣元龙坡墓葬出土的石范

第七章 秦汉时期考古常识

第一节 发现及研究概况

秦汉考古是广西考古研究领域一个较为重要的阶段，其以秦始皇南平百越为起点，终于 220 年魏文帝曹丕废汉自立，历时 430 余年，包括秦末、南越割据、西汉、新莽、东汉等历史时期。这一时期是广西历史上一个大变革时期，在此之前，广西地区文化面貌基本上处于缓慢的自我发展状态，受中原文化影响较小。秦汉以来广西被纳入中原王朝版图后，大量中原人民迁居岭南，不仅改变了岭南的人口结构，同时也带来了先进的生产生活方式和新型的社会组织关系，对这一地区产生了重大影响，使得生产力和生产关系发生了较大的变化与发展，广西本土历史文化与中原文化不断融合发展。参照广州汉墓等分期方法，可将广西汉代考古分为西汉早期、西汉中期、西汉晚期、东汉早期、东汉晚期 5 个时期。

一、西汉早期

西汉早期包括秦末和南越国时期，即秦始皇南平百越至汉武帝元鼎六年（公元前 111 年）南越灭亡。由于秦国历史较短，岭南地区秦汉遗物差异不大，因此在考古学分期上将秦末和南越统治时期划为同一期。在这一时期内，随着郡县的设置，以军事防御和政治经济为中心的城市开始出现。竖穴土坑墓继续流行，窄长条形土坑墓逐渐减少，带墓道的大型木椁墓开始出现，封土和棺椁葬具被普遍采用。部分墓葬仍设置二层台，一些墓葬墓底还存在铺卵石和设置腰坑的现象。随葬品中中原式器物增多，开始出现鼎、盒、壶、钫等成套青铜礼器，并出现用铜镜随葬的现象。陶器依然盛行含几何形印纹陶，但在器型方面一些青铜器和仿青铜制作的陶器与中原地区已无太大差别。

二、西汉中期

西汉中期为公元前 111 年至公元前 33 年，即南越灭亡后至元成之际。这一时期，随着郡县的数量增加，城址的数量也有所增多，但发现的墓葬较少，规模亦不大。在墓葬形制方面，竖穴土坑木椁墓继续流行，墓葬中设置二层台的现象基本消失。随葬品中井、仓、灶及滑石器等模型明器种类较前期有所增加，开始出现五铢钱；随葬铜镜的现象较前期普遍，出现昭明镜、日光镜、铭文镜等。

三、西汉晚期

西汉晚期为公元前 33 年至公元 25 年，包括新莽时期、绿林赤眉起义和光武帝统一。这一时期发现的墓葬较多，在形制上仍以木椁墓为主，一些大型墓葬墓道两侧和墓道底部常常有内置木椁的耳室或器物坑。陶器仍以瓮、罐为主，井、仓、灶等模型明器较为流行，长颈壶、簋等器型开始出现。在纹饰方面，以方格纹底加各种戳印的纹饰比较流行。青铜錾刻工艺十分发达，随葬铜钱的情况较为普遍，开始出现新莽钱币。昭明镜和日光镜继续流行，但与中期相比镜体较小。另外，这一时期墓葬中琉璃、玛瑙、琥珀、水晶等各种串饰均有较多发现。

四、东汉早期

东汉早期为 25—88 年，包括历史上的光武中兴和明章之治两个阶段。这一时期发现的墓葬更多，分布范围也更加广泛。在形制方面，竖穴土坑木椁墓开始走向衰落，出现了砖室墓，在一些地区的墓葬中还出现一种木椁墓向砖室墓过渡的砖木合构形式。陶器中的钫已消失，出现了高唇似栏的镂空簋；井、仓、灶等模型明器继续流行；錾刻花纹开始逐渐衰落；滑石器减少，琉璃、玛瑙等装饰品继续流行。

五、东汉晚期

东汉晚期为 88 年至汉帝国灭亡。这一时期砖室墓开始成为一种主要流行样式，在一些地区还出现石室墓和纪年砖墓。随葬品中青铜器较少见，陶器仿青铜錾刻花纹刻划增多，纹饰更加繁缛。随葬器物本地因素逐渐消失，在器型上与北方中原地区逐渐趋于一致。

广西目前发现的秦汉遗存特别是汉代遗存较为丰富，内容包括墓葬、城址、窑址、冶炼遗址、道路交通水利设施、岩画等诸项内容。

第二节 墓葬、城址和窑址举例

广西发掘的大量汉代墓葬及少量城址、窑址，为研究汉代历史提供了丰富材料，具有代表性的有贵港罗泊湾一号墓、合浦望牛岭汉墓、合浦风门岭一号墓、兴安秦城城址、贺州临贺故城、合浦草鞋村遗址、贵港贵城遗址、武宣勒马城址等。

一、墓葬

广西汉墓一般分布于秦汉以来所设郡治或县治附近，以桂北、桂中、桂东南地区较为集中，桂西地区则相对较少。据不完全统计，广西历年发掘的汉墓已近 2000 座，大致可分为土坑墓、木椁墓、砖木合构墓、砖室墓、石室墓，这里主要介绍后 4 种。

（一）木椁墓

木椁墓最早出现于新石器时代晚期，为中原地区商周至西汉中期大型墓葬中普遍采用的一种埋葬形式，规模较大的往往设有墓道。木椁墓在广西地区最早见于秦汉之际，整个西汉均比较流行，到东汉晚期在一些地区依然存在。

贵港罗泊湾一号墓：位于贵港市郁江北岸，地表有高约 7 米、底径约 60 米的馒头形封土堆。该墓是一座西汉早期大型竖穴土坑木椁墓，墓主可能为桂林郡郡守一级的官吏或官吏配偶。墓葬由墓道、墓室、车马坑及椁板下的殉葬坑和随葬器物坑等部分组成。墓道位于墓室南端正中，长 41.5 米，为斜坡式，底端比墓坑底高约 0.3 米，距离墓道尽头 22.7 米处东侧有车马坑 1 个，内留漆皮、板灰和车轮槽痕迹及铜车马器 30 余件。墓室总长 14 米，宽 9.6 米，深 6.3 米（其中有 3.9 米是在平地上夯筑）。椁室构筑于墓坑内，平面呈"凸"字形，由前室、中室、后室三室 12 个对称式椁箱组成，四周填以膏泥。主椁室位于后室中部，内置双层漆棺 1 具，当为主棺；前室中部及主椁室左侧椁箱内各置漆陪葬棺 1 具。椁板底下设置 7 个殉葬坑，分两排纵向排列，有棺木，但未髹漆。在主椁室后部隔间底板下，殉葬坑的北端还发现两个东西横向排列的随葬器物坑，坑底铺有木板，出土有铜鼓等乐器及铁釜等炊厨用具。该墓除殉葬坑和随葬器物坑外，其余部分均已被盗扰，从椁室中出土的 1 件木牍"从器志"的记载来看，原来的随葬品十分丰富。该墓现存罐、盒、甑、釜等陶器 50 件，铜鼓等铜器 192 件，此外还出土部分金、银、铁、锡、玉石、玛瑙、琉璃、竹、木、漆、丝、麻、植物种实等。

贵港罗泊湾一号墓椁室

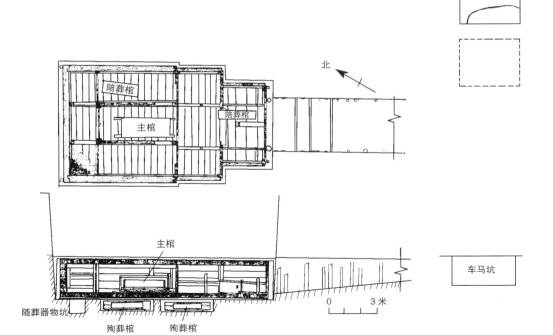

贵港罗泊湾一号墓平面图、剖面图

合浦望牛岭汉墓：位于北海市合浦县城南部。该墓群经过两次考古发掘，1971 年曾发掘 M1 墓室和 M2 墓室，2020—2022 年再次发掘。两次发掘共解剖清理西汉时期的墓群封土堆 1 座、墓葬 25 座及沟、坑、灶、柱洞等遗迹。在墓群封土堆范围内是西汉合浦豪族——庸氏家族墓地。封土堆营筑于西汉晚期，为一次性分层堆筑而成，底平面呈"凸"字形，面积约 3029 平方米，主体为方形，边长 54 米，中部残高 3.6 米。在封土堆范围内共发现 16 座西汉墓，其中封土覆盖的墓葬 15 座（M1、M2、M4～M16），打破封土的墓葬 1 座（M17）。有 3 座墓随葬墓主私印，分别为 M1"庸毋印"琥珀印、M11"庸定"玉印、M14"庸临"铜印。望牛岭 M1 是合浦汉墓群中已发掘的规格最高、随葬品最丰富的西汉墓，随葬品奢华珍贵，既有金饼、龟钮琥珀印、多种珠饰等珍贵器

合浦望牛岭墓群

物，也有凤凰灯、三足盘、三兽镇、龙首魁、匜、灶、仓、壶等精美铜器，而两件陶提筒内壁的朱书文字"九真府""九真府□器"则为揭示墓主身份提供了线索。综合墓葬规格、形制、随葬品及相关文献判断，望牛岭 M1 墓主"庸毋"生前曾任九真郡太守，死后葬入合浦家族墓地。望牛岭墓地反映了西汉合浦豪族——庸氏家族的崛起历程，是难得的家族墓研究案例。墓葬年代延续，演变脉络清晰，对系统梳理合浦汉墓发展规律、深入探讨合浦历史进程具有重要价值和意义。

合浦望牛岭汉墓的考古发现，拓展了合浦汉墓群的文化内涵，凸显了合浦在汉代海上丝绸之路的特殊位置，印证了《汉书》《水经注》等史籍关于汉朝廷以合浦为支点经略岭南及海外的记载，为海上丝绸之路遗产保护、展示和海上丝绸之路申遗提供了考古学支撑，为"一带一路"与文明交流互鉴等相关研究积累了新资料。

（二）砖木合构墓

砖木合构墓作为木椁墓向砖室墓过渡的一种形态，主要见于东汉早期。这种墓葬形式主要还是采用木椁结构，只是在诸如封门或者墓底等局部用砖铺砌。

合浦九只岭五号墓：位于合浦县城南约 4 千米处的九只岭上，发掘前地表尚保留有直径 32 米、高 1.2 米的封土堆。墓葬平面近"凸"字形，由墓道和墓室两部分组

合浦九只岭五号墓

成。墓道长 17.5 米、宽 1.94 米，分前后两段：第一段由封门砖前伸 0.86 米，与坑底齐平；第二段向上高出 0.05 米，起斜坡，坡度为 24°。墓室长 6.8 米、宽 2.9 米，方向 135°，分为前后两部分：前面比后面稍高、窄，长 1.5 米，宽 2.56 米，深 3.84 米；后部长 5.3 米、宽 2.9 米、深 3.9 米。棺椁葬具已朽，从朽痕看，椁室内长 6.08 米、宽 2.1 米，由顶盖、内外封门、左右后壁板与底板相互扣合，依坑形构筑成前后两级。前面用封门砖代替木板，在封门砖往里 1.64 米处又用 3 层间隔 0.3 米的隔板再封一次，封门砖的两侧是厚 2.2 米的灰膏泥，用于加强棺室的密封。棺木已朽，葬式不明。随葬器物 92 件，琉璃珠 1380 枚。从该墓出土器物看，其年代应属东汉早期。

（三）砖室墓

早在战国中期，中原地区就出现了一种用空心砖构筑墓室的形式。自西汉中期开始，一种用小砖砌筑墓室的方法开始在中小型墓葬中出现并很快流行，逐渐取代空心砖墓和木椁墓，成为当时墓葬的主要流行样式。

广西砖室墓的出现较中原地区要晚，其最早见于东汉早期。砖室墓的出现为墓葬内部空间配置带来了革命性的变化，墓葬内部空间布局宅第化的趋势得到加强，象征前

砖室墓

堂后寝的前后室和前室、中室、后室三室或带侧室等多室结构大量出现，并成为东汉时期墓葬的主流。

合浦风门岭一号墓：位于合浦县廉州第一炮竹厂内。该墓葬由墓道、横前堂、中室、左右侧室及后室等部分组成。其中，墓道未发掘，甬道前有封门砖，上有额墙；横前堂为横券顶，长 1.75 米，宽 4.58 米；中室为穹隆顶，长、宽各约 3 米，两侧各有一间宽 1.5 米、高 1.4 米、进深 1.8 米的三层券顶侧室；后室为三层券顶，长 3.32 米，宽 2.18 米，后壁有券拱壁龛。墓底铺"人"字形地砖，三室之间呈阶梯状相连。由于该墓葬早年被盗，出土随葬品较少，经研究认为，其时代大致在东汉晚期偏后。

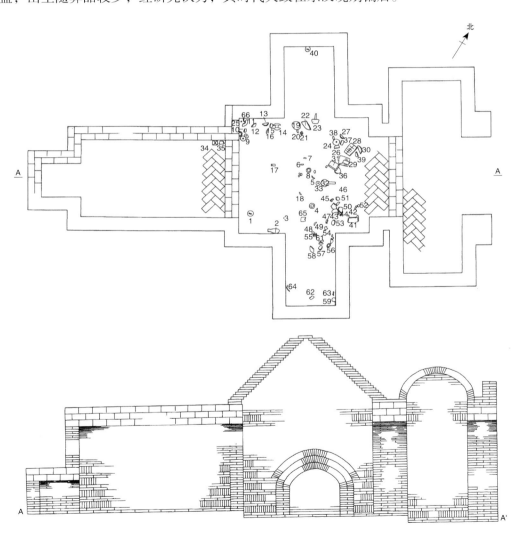

合浦风门岭一号墓平面图、剖面图

（四）石室墓

这种墓葬形式在广西地区主要见于东汉晚期至南北朝时期，集中分布于桂东地区，在钟山、昭平、阳朔、荔浦、蒙山一带均有发现。此类墓葬一般为石壁穹隆顶，结构与砖室墓大致相同，一般有墓道、甬道、封门石，墓室有前后室和单室结构几种。

阳朔乐响石室墓：位于阳朔县高田镇乐响村，2005 年广西文物工作队对其进行发掘，共发现石室墓 5 座，其中"甲"字形 4 座、刀把形 1 座，均为穹隆顶结构。其中二号墓由前室、后室、甬道、墓道四部分组成。封土堆直径 6 米、高 1.7 米，封土下即为墓室穹隆顶，其高出地表，覆盖表土形成封土堆。后室长 3.1 米、宽 3.1 米、深 3.1 米，前室长 1.8 米、宽 1.4 米、深 1.2 米，甬道长 0.86 米、宽 1 米、深 1.2 米。封门为一整块石板，宽 1 米、高 1.6 米、厚 0.16 米，封门上端与甬道顶部齐高，下端深入生土约 0.24

阳朔乐响二号墓墓室

阳朔乐响二号墓平面图、剖面图

米，墓道内有一块大石块顶住封门。斜坡式墓道，坡长 2.2 米、宽 0.7 ～ 1.0 米、深 2.05 米。墓壁及穹隆顶用不规则石块叠砌而成，多为长方形，未经加工，墓壁石块较大，起顶处石块较小。人骨和葬具已朽，葬式不明。随葬品均破碎，分布比较凌乱，但比较集中分布在前室和甬道中，有陶器和五铢钱，陶器为罐和釜，时代为东汉晚期。

二、城址

广西内城的出现肇始于秦汉时期，经过多年的调查，目前已确认的有全州县的洮阳城址，灌阳县的观阳城址，兴安县的七里圩王城城址、秦城城址、城子山古城址，贺州的临贺故城址、高寨城址，武宣县的勒马汉城址，宾阳县的领方故城址，北流市的增劲塘古城址，合浦县的草鞋村遗址，贵港市的贵城遗址等 20 余处。

这些城址一般扼守交通要道，大部分位于河岸或离河流较近的地方，城址的规模一般较小，除兴安秦城城址中的通济城和贺州临贺故城中的洲尾城址、河西城址周长超过 2000 米外，大部分城址的周长均在 1000 米以下；平面布局以长方形为主，城的四角大部分外凸并设有角楼一类的建筑设施，有的在城墙外壁增筑有向外凸出的马面。城墙均采用板筑法层层夯筑，但夯窝不明显，四周大部分挖有宽而深的护城河或城壕。城内部分采用高台建筑，建筑材料以陶制的板瓦、筒瓦为主，也有少量瓦当、铺地砖、水管等建筑构件。

兴安七里圩王城城址：位于兴安县城西南约 20 千米的溶江镇北，地处灵渠与大溶江交汇处的三角洲上，北距七里圩村约 200 米。城四周地势平坦，大溶江从城址的北部绕城西南流过。城址四周城墙尚存，护城壕清晰可见。1990—1996 年，广西文物工作队对该城址进行测绘、勘探和发掘。城址平面略呈长方形，面积 38376 平方米。城墙用黄土夯筑而成，内夹少许陶片、零星烧土和细小的河卵石，有二次加筑的现象。墙体剖面呈梯形，外侧较陡直，内侧坡度平缓，四面城墙长度不一，其中东墙长 164 米、西墙长 149 米、南墙长 257 米、北墙长 214 米，墙高约 3 米，顶部宽约 10 米，墙基宽 15 米。城墙四角可见凸出的角楼建筑遗迹，北垣和东垣有向外凸出的马面建筑夯土台基。城门开在北墙偏东处，门道宽 7 米、长 20 米。城内地势平坦，在西北、北部和中部有 5 处呈多边形、高 1 米左右的夯土台基。城外四周有宽 10 ～ 20 米、深约 2.5 米的护城壕，护城壕外为挖土垒成的外城墙，发掘出土了大量绳纹、布纹、菱形方格纹的板瓦、筒瓦片，少量有装饰花纹的铺地方砖及卷云纹瓦当、下水管等建筑材料。罐、壶、瓮、钵、鼎、盆、灯等陶器碎片及刀、矛、钩、锄、斧等铜铁器。关于七里圩王城的性质，最新研究认为，其并非秦城，而是汉始安县县治。

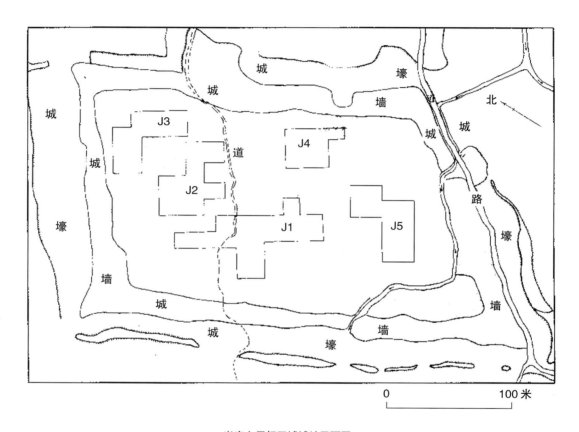

兴安七里圩王城城址平面图

合浦草鞋村遗址：位于合浦县城廉州镇草鞋村西侧的一座小岭上。于 2007 年、2012 年、2023 年对该遗址开展了三次大规模的发掘和数次为补充资料而进行的局部发掘，另外在 2010 年还对该遗址北部基建施工露出的建筑遗存进行清理。出土了大量两汉时期的遗迹、遗物，部分遗物甚至早至西汉早期，与城址周边包括西汉早期在内的两汉墓葬相对应。这一发现不仅明确了该遗址为汉代合浦郡郡城故址之所在，而且极有可能将合浦的行政建制时间上推至西汉早期。

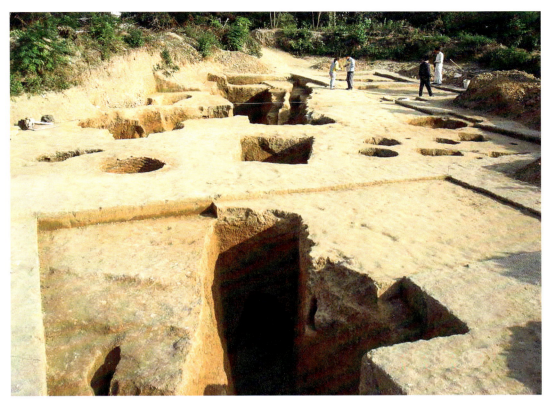

合浦草鞋村遗址

　　贵港桂林郡治遗址：位于贵港市老城区郁江北岸的人民路一带。2008—2023年进行过多次发掘，在历次发掘中，发现了大量汉代至明清时期的遗迹及遗物，包括城墙、城壕、壕沟、灰坑、房址、水井等遗迹，以及大量各时期的砖瓦建筑构件、陶瓷等遗物，尤以瓦片最为丰富，有筒瓦和板瓦两种。其中，西汉个别瓦片可见"零陵"戳印文字；东汉瓦不少表面戳印有文字，仅"永元"年号就发现近30件，较常见的有"永元四年""永元十年""永元十一年"等，另外还发现有"零陵郡""零陵郡三年"戳印文字。此外，在两汉堆积中还发现大量瓦当，有云纹瓦当、万岁瓦当等。陶器主要有瓮、罐、壶、瓿等，纹饰有方格纹、篦点纹、戳印纹、米字纹等。汉代城壕及唐宋城墙、大型建筑基址的发现，以及自汉代开始具有典型特征器物的出现，确定该遗址自秦汉以来一直为包括秦桂林郡、汉郁林郡在内的贵港历代郡州县故址之所在。同时，该遗址出土了大量汉代至明清时期的遗物，包括各时期的陶瓷器及建筑材料，不仅数量众多，而且种类丰富，对研究广西各历史时期的物质文化发展状况及器物发展演变序列具有较高的考古价值。特别是遗址内出土的大量建筑材料，包括筒瓦、板瓦、瓦当等，不但时代互相衔接，而且特征明显，对研究整个广西乃至岭南地区各时期建筑材料的发展历程具有重要意义。

贵港桂林郡治遗址

武宣勒马秦汉城址：位于武宣县三里镇勒马村黔江北岸的一处山岗上，2017—2019 年进行考古发掘。该城址目前被证实是秦汉城址，遗迹主要有高台、壕沟、房址、柱础、灰沟、灰坑、水井、柱洞等，遗物主要有板瓦、筒瓦、瓦当等建筑构件，器物主要有陶瓷器、石器、铁器、铜器、铜钱、铜"中溜丞印"铭印章、矿渣、鼓风管等。该城址主体平面呈方形，采用因山为城的方式将一处山头顶部削平而成，四周环以双重堑壕，临江一面有道路直通江边，道路两侧布置有建筑及壕沟。根据堆积及出土遗物判断，该城址始建于秦或西汉早期，东汉以后逐渐废弃。该城址是广西保存状况比较好的秦汉城址，选址理念清晰，防卫意图强烈，布局清晰，结构独特，有助于探究秦汉王朝在南方地区的管理模式及秦汉时期县治类城的形制特征。在该城址发现的东汉铜"中溜丞印"

铭印章与文献记载的地望相合，是推断城址性质的重要实物资料，也是广西秦汉考古少见的考古发现与文献记载相互印证的实例。该城址保留的建筑遗存及木板铺装形式，对复原古代高等级建筑构造方式具有重要价值。

武宣勒马秦汉城址

三、窑址

广西发现的秦汉时期窑址不多，经科学发掘的就更少，目前经大规模发掘的窑址仅梧州富民坊窑址 1 处，另外考古工作者在桂平和阳朔也有零星发现。

梧州富民坊窑址：位于梧州市区西北，离桂江西岸约 700 米，窑址分布范围包括竹席山南坡及其向南延伸的伏尸山，面积近 1 万平方米。1977 年梧州市博物馆在伏尸山上发掘陶窑 27 座。这些陶窑结构基本一致，均为马蹄窑，由窑门、火膛、窑室、烟道等部分组成，个别窑炉火膛口用砖砌筑；窑室呈斜坡形，紧接火膛后壁向上斜伸，两壁稍带弧形；窑顶为半圆拱顶；烟道位于窑床后部，基本呈方形，也有圆口形，从底部通出窑外。烧制器物以釜、锅为主，多数口沿歪曲不平。陶质为夹砂灰陶，质地坚硬，火候较高，有灰褐色和灰白色两种颜色。纹饰多为几何形印纹，印纹较粗，多交叉拍印。该窑址的时代大致在西汉时期。现以 Y1 为例加以说明。Y1 窑门呈喇叭形，向火膛内倾斜，装窑、出窑、投放燃料、除灰均经过这里。火膛紧接窑门，纵长 55 厘米，横宽 85 厘米，深 75 厘米，形成上宽下窄的袋状。窑室长 2.49 米、宽 9.37 米，底面倾斜约 9°；拱顶部分已坍塌，两壁下部较平直，上部起拱。烟道位于窑室后部，为方形，大小为 37 厘米 × 32 厘米，残高 1.3 米。

桂平大塘城窑址：位于桂平市寻旺乡先锋村下渡与大塘城村之间的郁江河岸上。1983 年文物普查时曾在先锋村与江边畲村之间的河岸断壁上发现 5 座马蹄窑。1996 年，文物工作者在大塘城村进行文物普查时又在郁江右岸断壁上发现 1 座陶窑，经清理后确认其为 1 座汉代瓦窑。该窑为东西向，现存火膛、窑室和烟道三部分，火膛和窑壁及窑底均有厚约 20 厘米的草拌泥烧结层。火膛在窑室西面偏北，为长方形，前端已被冲毁。窑室在火膛后部，高出火膛 0.7 米，为前窄后宽的长方形，前端长 3 米，后端长 3.12 米、宽 2.6 米。两壁略呈弧形，窑顶已塌，可能为半圆拱顶，现残高约 0.7 米。烟道位于窑室后部，由于破坏严重，形制和大小不明。在窑内堆积中，发现有较多瓦片，主要为板瓦和筒瓦两种，颜色为灰色和灰黄色，外施粗绳纹。

第三节　器物分类与描述

汉代是中国历史上社会经济文化比较发达的时期，物质文化丰富多彩，器物种类多种多样，按质地划分有陶器、青铜器、铁器、漆木器、滑石器、琉璃玉石器等。

一、陶器

战国及两汉时期广西含几何形印纹硬陶比较流行，汉代方格纹底加戳印的装饰纹样比较普遍，常见器物类型包括日用生活器皿、模型明器和建筑用陶三大类。汉代陶器常见装饰纹样主要有方格纹、戳印纹、刻划纹、水波纹、叶脉纹、席纹、菱形纹、柿蒂纹、米字纹等，尤以方格纹底加各种戳印纹较为常见。

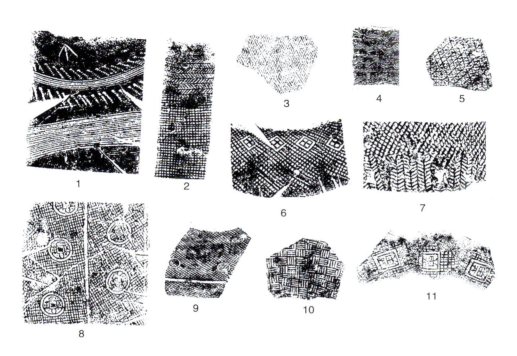

1—刻划纹；2—方格纹加叶脉纹；3—菱形纹；4—水波纹；5—米字纹；6—方格纹底加方形戳印；7—斜方格纹底加叶脉纹；8—方格纹底加大泉五十戳印；9—方格纹底加圆形戳印；10—席纹；11—方格纹底加黄字戳印。

陶器纹饰

（一）日常生活器皿

陶器中的日常生活器皿常见器型有瓮、罐、壶、钫、盒、魁、提筒、瓿等。

陶瓮：陶瓮始见于新石器时代，商周至春秋战国比较常见，一般体形较大，小口、鼓腹或弧腹，平底。广西发现的此类器物中，战国时期重心偏上，纹饰以米字纹为主；西汉一般为短直颈，肩腹逐渐下移；到东汉短颈逐渐演变为束颈，并且出现一种广口宽底折唇瓮，纹饰一般为方格纹底加戳印纹。桂平大塘城 M3001 出土的陶瓮，泥质灰陶，胎质较硬，器体高大瘦长。敞口、折沿、短颈、弧腹略扁长，平底。器身拍印方格纹，间饰菱形、圆形组合的戳印纹，肩部以下饰有 4 道凹弦纹，器身局部施青黄釉，多已脱落。通高 46.6 厘米，口径 24 厘米，腹径 42.3 厘米，底径 26.5 厘米。

陶罐：罐与瓮相比器形较小，西汉时期一般为短颈、平沿、鼓腹，东汉时期短颈不明显，沿基本消失，腹部下垂，有的腹部较折。桂平大塘城 M3001 出土的陶罐，泥质灰陶，胎质较硬，小折沿，短颈，圆弧腹，平底，腹部有一道凹弦纹，体施方格纹及戳印纹。通高 11 厘米，口径 11.4 厘米，腹径 16 厘米，底径 12 厘米。

陶壶：壶多为盘口或子母口，溜肩，鼓腹，圈足，肩腹处有两对称耳。西汉时期的陶壶一般腹部稍鼓，圈足较直；东汉时期的陶壶多为溜肩，腹部下垂，圈足外撇。桂平大塘城 M3001 出土的陶壶，泥质灰陶，胎质较硬，盘口，溜肩，圆腹，高圈足，器底与圈足连接处呈带状收束，两面有对穿孔与腹部所附环耳对应。盘口外侧及圈足下部各饰两道凹弦纹，颈、肩及腹部上下各饰一道凹弦纹，圈足下部饰弦纹，通高 34.6 厘米，口径 15.2 厘米，腹径 26 厘米。

陶瓮　　　　　　　　陶罐　　　　　　　　陶壶

桂平大塘城 M3001 出土的陶器

陶钫：1955 年贵县火车站 69 号西汉墓出土。方口，弧腹，平底，圈足。上腹部置一对半环耳，足部有一孔，与其相对应。肩部四面均印篆书"万石"铭。通高 35.5 厘米，口径 9 厘米，底径 12 厘米。钫为仿铜的陶礼器，见于西汉墓，用于盛酒。

贵县火车站 69 号墓出土的陶钫

陶盒：盒为盛食器，基本器形为子口合盖、敛口、弧腹、平底或圜底、圈足，常与鼎、壶、钫等仿青铜礼器一起成组随葬。合浦风门岭 M23B 出土的陶盒，泥质灰陶，带盖，盖面宽大隆起，捉手作圈足状。子口合盖，敛口，深圆腹，圜底附圈足。圈足稍高，外形分成两节，上节凹入与器底相连，下节外撇，盖与圈足饰凹弦纹。通高 19.6 厘米，最大腹径 20.8 厘米。

合浦风门岭 M23B 出土的陶盒

陶魁：魁为盛食器，基本器形为侈口，深盆形腹，圈足，口部一侧附柄。合浦风门岭 26 号墓出土的陶魁，青灰色胎，侈口尖唇，圈足，素面无纹，一侧有龙手状把手。通高 16.6 厘米，口径 18.2 厘米，腹径 18.6 厘米，足径 14.6 厘米。

陶提筒：提筒目前所见主要出土于我国两广地区及越南，我国云南也有少量出土，是广西较为典型的本地器物之一。合浦风门岭 26 号墓出土的陶提筒，灰白胎，无盖，子母口内敛，底微内凹；腹身饰两组双线弦纹，之间有两个对称半环耳。

陶樽：贵港马鞍岭 1 号墓出土的陶樽，泥质硬陶，灰白胎，子母口盖，盖面斜折，盖顶扁钮衔环，3 个乳突分立盖面。直口，桶形腹，平底附三足。体施青黄釉，多已脱落。盖面刻划太阳纹和锯齿纹；口沿下刻划半月纹；腹上部刻划弦纹 4 道，模印铺首衔环，下部刻划方格纹；三足饰蹲坐式裸体图像。通高 20 厘米，口径 17.2 厘米，底径 17.2 厘米。

合浦风门岭 26 号墓出土的陶魁　　　合浦风门岭 26 号墓出土的陶提筒　　　贵港马鞍岭 1 号墓出土的陶樽

（二）模型明器

模型明器指主要用于随葬的非实用器物，器型包括屋、灶、井、仓及各种人物和动物模型等。

陶屋：陶屋在广西出土较多，有干栏形、曲尺形、楼阁形等；西汉时期主要流行单体结构，东汉时期开始出现多体复合式结构，并成为主要流行样式。合浦九只岭 5 号墓出土的陶屋，灰白色软陶，为上下两层的干栏式建筑，两层可以分开，上层平面横长方形，悬山顶，两坡瓦盖，门开在面墙右侧，无窗，屋内底部左侧开有一长方形孔，为厕所位置，门前设4级楼梯以供上下，下部近长方形，主屋在前面，后面围墙高起，墙头有瓦檐遮护，墙间开一长方形狗洞，下层通底，无地板、无间隔。通高24厘米，面阔28厘米，进深31.4厘米。

陶灶：西汉中期的灶面一般前高后低；西汉晚期的灶面平整，出现额墙；东汉时期的灶面装饰日益丰富，出现一些劳动场景。合浦九只岭5号墓出土的陶灶，灰白色硬陶，灶底呈长方形，平底，有额墙，烟突作龙首形，长方形灶门，地台较短，灶身前端比后端略宽且高，灶面开釜眼3个，前后各置陶釜1件，中间置甑1个。通高19.6厘米，通长33厘米，宽12.4厘米。

陶井：陶井为直筒形，一般有地台及井亭。合浦风门岭28号墓出土的陶井，灰白胎、质较硬，圆井亭，圆地台；井台上部敛束，饰菱格纹及水波纹，下部近直；地台上有4个对称圆形柱洞，上覆井亭；井亭呈正方形，四阿顶，有瓦垄，正中短脊；栏高14厘米，地台直径25.2厘米，井亭边长18.8厘米。

陶仓：西汉晚期开始出现干栏式陶仓，但仅在仓底四角穿孔以装木柱，并未见柱足；东汉时期均为带柱足的干栏式陶仓。合浦九只岭M6A出土的陶仓，灰红色硬陶，悬山顶，两坡瓦

合浦九只岭5号墓出土的陶屋

合浦九只岭5号墓出土的陶灶

合浦风门岭28号墓出土的陶井

合浦九只岭 M6A 出土的陶仓

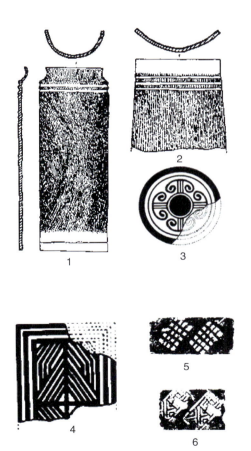

1—筒瓦；2—板瓦；3—云纹瓦当；
4—菱形纹铺地砖；5、6—戳印纹砖。

瓦、砖

面，前有横廊，仓室各设一门，廊前门两旁有直棂窗，廊尽头有方形排气孔。通高 22.8 厘米，面阔 34.8 厘米，进深 18.9 厘米。

（三）建筑用陶

广西建筑用陶的出现始于秦汉时期，类别有瓦、砖、排水管等。

瓦：瓦的烧造大约起源于西周时期。瓦在陕西扶风、岐山一带的西周宫殿建筑遗址中大量出土，它是中国古代劳动人民在建筑用陶上的伟大创造，开创了瓦顶房屋建筑的先河。广西发现的瓦最早见于兴安秦城城址，有筒瓦和板瓦两种，其制作方法是先用泥条盘筑成类似陶水管的圆筒形坯，再切割成两半，即为筒瓦；如果切割成三等份，即为板瓦。板瓦一般扁平宽大，仰置于椽上。筒瓦呈半圆柱形，覆盖在两行板瓦之间以防漏雨，装饰纹样一般为外绳纹、内布纹。

瓦当，即筒瓦之头，主要起保护屋檐不被风雨侵蚀的作用，同时又富有装饰效果，使建筑更加绚丽辉煌。秦瓦当有文字的极少，而汉代出现大量文字瓦当，如"千秋万岁""汉并天下""万寿无疆""长乐未央"等。这些文字瓦当的字体有小篆、鸟虫篆、隶书等，布局疏密有致，风格质朴醇厚，表现出独特的文字之美。王莽时期的青龙、白虎、朱雀、玄武四神兽瓦当，形神兼备，姿态雄伟。广西发现的瓦当最早见于汉代，但数量较少，以云纹瓦当为主。

　　砖：砖在战国就已出现，广西发现的砖有条形砖和方形铺地砖两种。其中，条形砖从目前发现看主要用于构筑墓室，房屋等建筑使用较少，一般为灰白胎，火候不高，装饰纹样以戳印纹为主。方形铺地砖多为素面，七里圩王城发现的铺地砖装饰有菱形纹。

二、青铜器

　　广西青铜器的繁荣时期与中原地区有所区别。秦汉时期，当中原大地青铜器开始衰落之后，广西却迎来了其发展的鼎盛阶段，并且创造了极富地域色彩的錾刻花纹样式。秦汉时期广西的青铜器大多来自中原地区，除纹饰和少数铜器如鼓、提筒有较强的地域特征外，大部分器物在形制上和中原地区差异不大。广西秦汉青铜器按用途可分为日用器皿、钱币、兵器、工具、乐器、车马器、模型明器等几大类。

（一）日用器皿

　　铜鼎：鼎多为圆腹三足，也有方腹四足，一般均有立耳，足有柱足、蹄足、瓦形足几种。最初的鼎是由远古时期陶制的食具演变而来的，自青铜鼎出现后，它又多了一项功能，即成为祭祀和象征等级制度的一种重要礼器。在周代，就有所谓"天子九鼎，诸侯七鼎，卿大夫五鼎，士三鼎"等使用数量的规定。随着这种等级、身份、地位标志的逐渐演变，鼎逐渐成为王权的象征、国家的重宝。秦代以后，鼎作为礼器的意义逐渐减弱。广西发现的鼎既有中原式鼎，也有越式鼎。合浦风门岭27号墓出土的铜鼎，带盖，盖面隆起，

合浦风门岭 27 号墓出土的铜鼎

中部平圆，中央有环钮衔环。子口合盖，敛口，两侧附一对扁方立耳。腹部扁圆，腹壁较直，圜底，三足外撇，横断面近三角形。上腹有一道凸棱。通高 13.9 厘米，口径 10.8 厘米。

铜提梁壶：提梁壶为盛酒器。合浦风门岭 26 号墓出土的铜提梁壶，带盖，盖外侧铸环钮，盖面平缓，中部有圆钮；束颈，溜肩，肩部有双宽带纹，腹下垂，上部两侧各有一铺首衔环，环套活链并穿过盖侧圆环，上为璜形提梁，两端呈龙首衔环，圈足外撇。通高 37.6 厘米，口径 10.6 厘米，腹径 17.8 厘米，足径 14.6 厘米。

铜簠：簠为盛食器，基本器形为敞口，深腹，圈足。合浦风门岭 27 号墓出土的铜簠，广口深腹，圈足，腹上有一周凸棱及对称的铺首衔环。通高 14.8 厘米，口径 16.8 厘米，圈足径 5 厘米。

铜樽：目前发现最早的樽见于战国中、晚期楚墓中，其他地区比较少见，为楚文化系统器物。合浦风门岭 26 号墓出土的铜樽，盖面隆起，外缘有凹宽带两周，顶部较平，饰柿蒂纹，正中有圆钮衔环。器身中部有凸棱，凸棱上下有宽带纹，两侧有对称铺首衔环。三蹄足较矮，截面略呈三角形。通高 21.5 厘米，直径 21.4 厘米。

合浦风门岭 26 号墓出土的铜提梁壶

合浦风门岭 26 号墓出土的铜樽

铜釜：釜的基本器形为浅折沿或盘口，束颈，弧腹，圜底，腹两侧附双环耳。合浦风门岭26号墓出土的铜釜，盘口，束颈，圆腹，平底。上腹有一周凸棱，两侧有绞索形环形立钮。通高17.6厘米，口径21厘米。

合浦风门岭 26 号墓出土的铜釜

铜博山炉：博山炉即古代焚香的熏炉，盛行于汉至魏晋。炉体下部有托盘；炉盖高而尖，雕镂成山峦形，上有羽人走兽等，有的遍布云气纹，象征海上仙山"博山"。合浦风门岭26号墓出土的铜博山炉，由炉体、炉盖及托盘三部分组成；盖有镂孔，上部饰博山草叶纹及云气纹，下部饰一圈栉齿纹；炉体呈豆盘形，口微敛，子母口，腹部中间有一道凸棱，上部饰一圈网纹，下部饰羽状及栉齿錾刻花纹各一圈；盖顶与炉口之间有活链相连，喇叭形足与托盘相连，亦饰博山草叶纹及云气纹；盘为广口，折沿，腹中部内折，下腹收分为假圈足，底微内凹；盘口沿饰一周錾刻栉齿纹；通高11.5厘米，炉径6.2厘米，托盘口径13.4厘米。

铜鐎壶：鐎壶为炊器，盛行于汉至魏晋，广西西汉晚期到东汉早期较为流行，东汉早期以后逐渐消失；基本器形为直口或敞口、短颈、罐形腹，一侧附长条形柄，下附三足。桂平大塘城M3001出土的铜鐎壶，体形略显矮胖，

合浦风门岭 26 号墓出土的铜博山炉

桂平大塘城 M3001 出土的铜鐎壶

大口微敞，折肩，腹部微弧收，底近平，把手截面近方形，三蹄足略外撇，足截面近半圆形。腹部饰一道凸弦纹。通高19.4厘米，口径10.2厘米，腹径16.4厘米。

铜镜：1955 年贵县火车站 34 号墓出土的王氏作镜四神纹镜。直径14.3 厘米，缘厚 0.45 厘米。圆形、圆钮、圆钮座。座与其外的凹面双线方格内有四叶形纹与四角相对，叶与叶之间有三竖短线纹。方格外带圆座的八个子纹与博局纹将镜背分为四方八极，每极区内配一线条式神兽，分别有青龙、白虎、朱雀、玄武及四禽兽。外区铭文为"王氏作竟（镜）真大好，上有仙人不知老，王氏饮玉泉饥食枣" 22 个字。其外一周短斜线纹。两周锯齿纹夹一周双线波纹缘。

贵县火车站 34 号墓出土的铜镜

（二）钱币

秦汉钱币包括半两钱、五铢钱和各种新莽钱币。

半两钱：秦和西汉早期使用半两钱，在形制和重量上有很大变化，先后出现秦半两、榆荚半两、八铢半两、五分半两、四铢半两、五铢半两、三分半两等半两钱。但在广西半两钱很少发现。

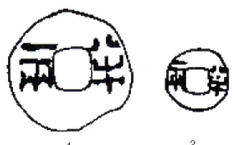

1—秦半两；2—四铢半两。

半两钱

　　五铢钱：元狩五年（公元前 118 年），汉武帝废止半两钱，改铸大小重量统一的五铢钱。西汉五铢钱的特征是汉宣帝以前的"五"字交笔多近斜直或缓曲，"铢"字的"金"字头多呈"◇"形或似伞形，"朱"字头多方折。汉宣帝及以后的五铢钱，"五"字中间交笔由直而曲，"铢"字的"金"字头较小，多呈伞形或三角形，"金"比"朱"所处位置稍低。东汉建武十六年（40 年），被王莽中断的五铢钱得到恢复。东汉五铢钱的特征是外轮廓狭窄，"五"字交笔弯曲，"铢"字的"金"字头宽大，多呈三角形。灵帝中平三年（186 年）铸"四出五铢"，钱体背面四角均有一条直达外廓的斜线。东汉末，董卓铸造小钱，文字模糊，称"无文钱"。此外，从西汉中期起在货币流通中开始出现一种没有边廓的小钱，称为剪边钱或剪轮五铢；还有一种被凿去钱心的称綖环钱。

　　新莽钱币：西汉末年，王莽篡位，在 10 余年间进行四次货币改革，先后发行货币 28 品，其中流行最多的是货泉、大泉五十、小泉直一、货布、大布黄千等。

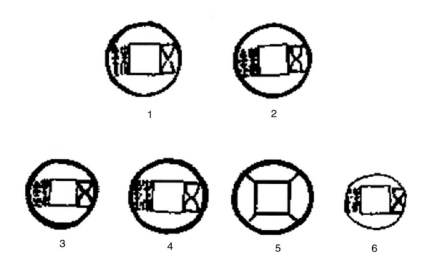

1—武帝五铢；2—西汉后期五铢；3—东汉五铢；4—东汉"四出五铢"；
5—剪轮五铢；6—綖环五铢。

五铢钱

1—货币；2—货泉；3—布泉；4—大泉五十；5—小泉直一；
6—一刀平五千；7—大布黄千；8—小布一百。

新莽钱币

三、滑石器

广西历史上盛产滑石器，在汉代以滑石器作为陪葬器物的很多，器类品种较为丰富，包括鼎、炉、案、壶、钫、钵、碟、盘、盂、杯、耳杯、釜、奁、灯、印、璧、环、人俑、屋、仓、灶及各种动物模型等，尤以滑石炉和滑石案较为常见。

滑石炉：合浦风门岭 M23B 出土，略呈长方形，器底有四短足。长 15.2 厘米，宽12 厘米。

合浦风门岭 M23B 出土的滑石炉

四、玉石琉璃器

（一）玉石器

玉石器是汉代较为常见的器物之一，常见的有玉杯、玉环、玉璧、玉握、玉及各种水晶、玛瑙串饰。

玉璧：贵港罗泊湾二号墓出土，玉质呈淡绿色，间有紫斑。两面皆为谷纹。直径13.9厘米，孔径4.3厘米，厚0.35厘米。

水晶串饰：合浦风门岭26号墓出土，六棱柱形，呈青绿半透明玻璃色，中有串孔。

贵港罗泊湾二号墓出土的玉璧　　　　合浦风门岭26号墓出土的水晶串饰

（二）琉璃器

广西发现的琉璃制品较多，品种较为丰富，常见的不仅有琉璃璧、琉璃耳珰及大量的琉璃串珠等装饰品，还有琉璃杯、琉璃碗、琉璃碟等容器。

琉璃串珠：合浦风门岭26号墓出土，有蓝色和绿色两种，形状为椭圆形，大小相若。

琉璃杯：贵港汽车站五号墓出土，蓝色，半透明。广口，弧腹，圈底，腹部饰有一道弦纹。通高8厘米，口径7.7厘米。

合浦风门岭26号墓出土的琉璃串珠

贵港汽车站五号墓出土的琉璃杯

第八章

三国两晋南北朝时期考古常识

第一节　发现及研究概况

　　三国两晋南北朝时期，是中国历史上封建国家的分裂和民族大融合时期。这一时期由于战乱迭起，全国南北处于分裂割据的相互对峙局面。因江南广大地区战乱较少，社会秩序比较安定，故中原地区广大人民大批南下，推动了南方的农业、手工业和陶瓷业继续发展。广西地区几十年来的考古发现也反映了这段历史，下面分期逐一介绍。

一、三国时期（220—280 年）

　　220 年曹丕建魏，221 年刘备称帝建蜀，229 年，孙权改年号"黄武"，三国鼎立局面形成。三国后期，魏国的力量日益强大。263 年，魏灭蜀。265 年，司马炎夺取魏政权建立晋朝，史称西晋。280 年，西晋灭吴，结束了三国鼎立的局面。

　　广西在三国鼎立时大部属吴国范围，桂西的部分地区属蜀国。在广西地区发现的三国时期的遗迹、遗物不多，能够确认为这一时期的墓葬在贺州、合浦等地发现 3 座，桂林平乐等地也发现可能为三国时期的墓葬。三国时期墓葬形制有土坑墓、石室墓、砖室墓 3 种，随葬品有陶、瓷、铜、铁、玉、金、玛瑙等。其中合浦岭脚村发现的三国时期珠官郡高级官吏的墓葬，形制新颖，墓砖纹饰多样，墓中有多种类的生活实用青铜器和技术工艺成熟的青瓷器等遗物，具有典型的三国时期本地区墓葬特征。

　　三国时期不长，前后也就 60 年。虽然三国时期墓葬部分出土器物在造型和纹饰方面与东汉晚期的同类器物十分相似，有的甚至会沿用东汉时期的器物随葬，导致容易混淆墓葬的年代分期，但是只要仔细辨别，也有以下一些特征便于区别这两个时期的墓葬：

三国时期的随葬品中，青瓷器、铁器数量较东汉晚期墓葬有所增加，以生活用品居多，模型明器所占比例大大减少，东汉时期常见的楼阁等建筑模型已消失。

三国时期烧制青瓷器的技术已逐渐成熟，基本达到正烧的水平。瓷器胎土经过淘洗，胎体结实，均匀细密，不吸水。釉色晶莹透亮，有玻璃质，釉与胎结合紧密，不易脱落。

二、两晋时期（265—420 年）

265 年，司马炎建立西晋，但由于阶级矛盾和民族矛盾日益尖锐，内迁的少数民族和各地流民不断起义、反抗，西晋在 317 年灭亡。西晋灭亡后，皇族司马睿在江南建立政权，史称东晋。

广西地区两晋时期的考古发现以墓葬为主，在梧州藤县，贺州钟山，桂林兴安、平乐，来宾象州等地都有发现，墓葬形式有石室墓、砖室墓等，绝大多数为砖室墓，形制有长方形、"凸"字形、"目"字形等。这一时期的墓葬特征如下：一是随葬品以鸡首壶、唾壶、罐、钵、碗、碟等青瓷器为主要特色，还有陶、铜、银、滑石、玻璃器等；二是墓砖基本都有纪年铭文，如梧州"永嘉六年壬申富且寿考"纪年砖墓、钟山红花镇"永嘉六年"铭墓等。

三、南北朝时期（420—589 年）

东晋之后，南方经历了宋、齐、梁、陈四个朝代，史称南朝；北方经历了北魏—东魏、北齐并立，西魏—北周齐并立的阶段，史称北朝。南北朝时期，江南得到开发，北方出现了各民族的大融合。

广西地区南朝时期发现的城址不多，比较典型的是浦北越州故城。越州故城是南朝时期越州州治所在地，占地面积约 24.7 万平方米，越州故城遗址为全国重点文物保护单位。越州故城又名青牛城，是南朝宋泰始七年（471 年）分交、广二州所置。城址始建于南朝宋，废于隋，前后延续约 140 年。城址由外城、内城构成。外城平面形状不规则，周长 2080 米；东、西、南、北各开一门；南城墙相对较直，北、西、东城墙弧折，城墙每隔百米依稀有凸出的马面，城墙外有城壕环绕。内城位于城址西部，平面呈长方形，由四面城墙合围而成，东、西城墙长约 250 米，南、北城墙长约 160 米，城墙外有城壕。越州故城基本结构相对清晰，其规模和结构布局在岭南地区均较为罕见，对研究岭南地区古代政治经济文化具有较高的价值。2019—2023 年发掘的遗迹主要有

浦北越州故城雷达高程扫描图

房址、散水、沙井、基槽、柱洞、排水沟、灰坑、灰沟、灶等，出土遗物包括大量陶质建筑构件，以及陶器、瓷器、铁器、青铜器、玻璃珠、金珠等。建筑构件主要包括脊瓦、筒瓦、板瓦、瓦当、砖，以残片居多，完整的较少；瓦当装饰有莲花纹、兽面纹。陶器器型有罐、盆、碟、碗、钵、纺轮、网坠等，以素面为主，少量装饰水波纹。瓷器以青黄釉为主，器型主要为罐、碗、盘、盏、钵，表面偶见莲花纹。出土铁器数百件，锈蚀非常严重，个别可辨认为剑、刀、凿、锥。出土铜器 10 余件，基本不辨器型。琉璃珠颜色为红、蓝、黄、绿、褐、黑等。除此之外还有金珠、玛瑙饰品等器物。越州故城是广西保存状况较好的南朝城址，选址理念清晰，防卫意图强烈，布局清晰，结构独特，对于探究南朝在中国南方地区的管理模式以及南朝时期州治类城堡的形制特征具有重要意义。

南朝时期广西地区墓葬分布较广泛，桂林全州、兴安、临桂、阳朔、永福、恭城，贺州钟山、昭平，柳州融安，梧州苍梧、藤县，北海合浦，钦州浦北等10余地均有发现。墓葬形制有土坑墓、石室墓、砖室墓等，大多为规模较小的砖室墓，一般由甬道和墓室两部分组成，墓室以券顶居多。随葬品以滑石器、青瓷器为主。这一时期的墓葬特征：一是较之两晋时期的墓葬，滑石器所占比例大大增加，滑石俑为常见的随葬品，墓葬风格有东汉晚期的遗风；二是以滑石器纪年买地券为特色，在桂林东郊南齐墓、灵川大圩萧梁墓、融安黄家寨南齐墓等都有出土。

第二节　墓葬举例

广西发掘的三国两晋南北朝时期的城址、墓葬不多，但都具有显著的时代特征，具有代表性的有合浦岭脚村三国墓、梧州市晋代砖室墓、融安大巷南朝墓等。

一、合浦岭脚村三国墓

合浦岭脚村三国墓于2003年发掘，墓葬为双层券顶带侧室砖室墓，由墓道、封门、甬道、前室、左右耳室、右侧室、后室组成，墓向185°。墓早年被盗，因前室在被盗前崩塌，前室及左右耳室的随葬品才得以保存。左右耳室内摆放有陶器，分两层叠放；前室左侧陶瓷器层层叠放；右侧室为长方形券顶单室，其底部高出前室曲尺形祭台0.44米，长3.44米、宽1.66米、高1.6米；后室内后部有一大致开口呈三角形的龛，室内无随葬品。墓砖的规格有多种，纹饰则多达16种。该墓存在后期加筑的现象，后期加筑部分应是在前室被盗或因其他原因造成崩塌后由墓主的后人因地制宜加筑上去的。

墓中出土器物105件（组）。其中陶瓷器54件（组），有的陶器陶胎细腻坚硬，烧成温度较高，部分颜色变成紫红色，施釉的已成瓷器；瓷器大部分施青绿釉，釉色均匀莹亮，有玻璃质，部分脱落；器型包括瓮、釜、罐、双系罐、四系罐、六系罐、广口罐、小罐、碗、钵、盂、杯、纺轮等，以及仓、井、灶、案等明器。铜器41件（组），

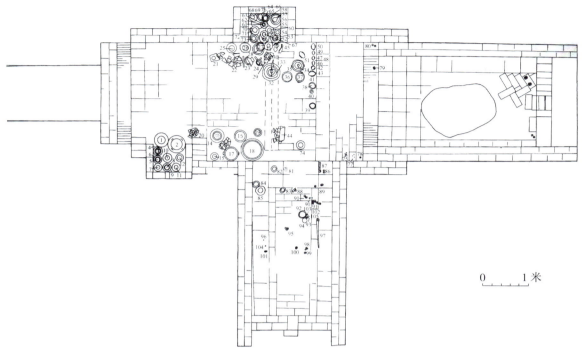

合浦岭脚村三国墓平面图

0 ———— 1 米

合浦岭脚村三国墓实拍图

器型有鼎、甗、盘、洗、温酒樽、鐎壶、带流壶、提梁壶、釜、锅、壶、碗、勺、箸、耳杯、灯、镜、泡钉、钱等。铜器上有许多动物样的纹饰，整体是合范铸成的，而眼、鼻、毛发等细部是后期再镂刻上去的，有的器物身上可看到合范痕迹。有钱币近百枚，出土时部分成串，可见绢布包裹的痕迹，部分散叠在一起，大多锈蚀黏结，能辨认的不多，可辨的有"半两""五铢""货泉"三种，且"五铢"大多是剪轮五铢。铁器4件，3件为环首铁剑、环首铁削和镊子，余下1件为削或刀，已锈蚀，仅见部分器身及鞘。

二、梧州晋代砖室墓

梧州晋代砖室墓于 1972 年发掘，墓坐西朝东，用单层纵平面网纹灰色砖砌成，砖和砖之间用泥浆黏合，外涂厚约 0.5 厘米的白膏泥，砖长 39 厘米、宽 17 厘米、厚 4.5 厘米。墓室平面呈"凸"字形，分前后两室，后室高于前室 8 厘米、宽于前室 33 厘米。后室长 100 厘米、宽 60 厘米、高 145 厘米，为横长方形。从 55 厘米高的室壁开始，改用平铺砖砌，凸出纵砌壁 18 厘米，然后逐层以 3 厘米向内收敛，顶上用两层横平铺砖封堵，构成叠涩攒尖顶。前室长 2.91 米、宽 0.67 米、高 1.37 米，为纵长方形；室壁的砌法同后室，但在室壁高 75 厘米起才改用横铺砖突出砌法。墓底铺砖两层，约为 45°"一"字形斜铺。前室封门砖和后室壁的砌法都是单砖横平铺叠砌。墓内积有淤泥，随葬品前、后室都有摆放，青瓷器大多摆放于后室北边，装饰品摆放于前室中部。人骨、葬具已朽，从银钗、银手镯、金戒指等器物摆放位置推断，人头应该是朝东的。出土的随葬品包括青瓷器、铜器、铁器、银器、金器等。

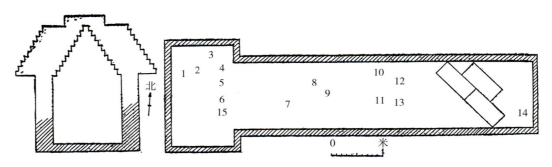

1、1、5、15—青瓷碗；2—双复耳青瓷罐；3、7—四耳青瓷罐；5—高身青瓷碗、铜勺；8—铜镜、铁刀、铁剪刀；9—发钗；10、11—银镯；12—银顶针、金指环；13—银指环；14—青瓷钵。

梧州晋代砖室墓墓葬平面图、剖面图

三、融安大巷南朝墓 M2

融安大巷南朝墓 M2 于 1980 年发现并清理。墓室平面略呈"凸"字形，墓向 239°，由甬道、墓室、供台三部分构成，纵剖面呈三级阶梯状。甬道长 1.02 米、宽 0.97 米、深 1.54 米，墓室长 3.25 米、宽 1.3 米，供台长 1.14 米、宽 1.3 米、高 0.52 米。顶部已塌，墓内填满淤泥，但仍可辨认是券顶。墓壁由双层红砖以三组三顺一丁、一组四顺砌成，厚

35 米、高 120 厘米。红色墓砖长 32 米、宽 16 米、厚 6 厘米。甬道近墓室的门栏上方，两边各设一个小龛。墓底铺红砖两层，上层作"人"字形，下层一横一竖铺砌。无人骨、葬具。随葬品已被扰乱，出土随葬品 11 件，分为瓷器、滑石器两类。

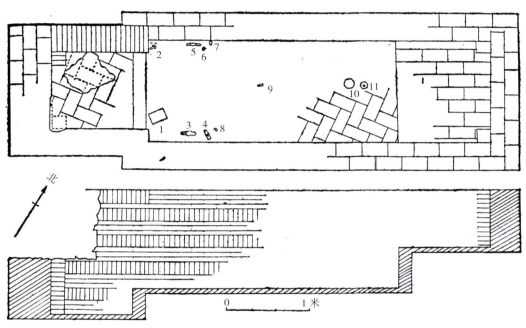

1—滑石买地券；2—陶片；3～5、7—滑石俑；6、8—滑石杯；9—滑石猪；10—滑石砚；11—瓷碗。

融安大巷南朝墓 M2 平面图、剖面图

第三节　器物分类与描述

三国两晋南北朝时期的城址、墓葬出土随葬品丰富，有陶器、瓷器、铜器、铁器、玉器、金器、玛瑙等。其中，陶器有瓮、罐、釜、鸡首壶、唾壶、钵、碗、碟、盂、杯、纺轮等，以及仓、井、灶、案等明器；瓷器有瓮、釜、罐、双系罐、四系罐、六系罐、广口罐、小罐、碗、钵、盂等；铜器有鼎、甗、盘、洗、温酒樽、鐎壶、带流壶、提梁壶、釜、锅、壶、碗、灯等。

一、三国时期器物

青瓷广口罐

青瓷杯

青瓷四系罐

青瓷广口罐：合浦岭脚村三国墓出土。敞口，圆唇，鼓肩，圆腹，腹下斜收，平底。灰白胎，质地细密坚硬，叩之有金属声。应该是涂釉后用垫饼垫底烧制的，因此口沿、器外部及底部外圈施青釉，呈青白色，釉色莹亮，有玻璃质；釉聚处颜色呈青绿色，器身上挂有烛泪状釉痕；釉与胎结合紧密，不易脱落。肩腹部交接处有一匝绳索状浮雕装饰，最大径亦在此处。通高 16.2 厘米，口径 22.4 厘米，底径 17.6 厘米，最大腹径 26.4 厘米。

青瓷杯：合浦岭脚村三国墓出土。敛口，圆鼓腹，腹下斜收，平底。灰白胎，除底部外通体施青釉，呈青白色，釉色莹亮，有玻璃质，不易脱落；器身上挂有烛泪状釉痕，釉聚处颜色呈黛绿色。杯内侧口沿下饰弦纹一道，口沿外饰弦纹二道，一侧涂有暗红色颜料，腹部饰弦纹一道。通高 4.6 厘米，口径 8.4 厘米。

青瓷四系罐：合浦岭脚村三国墓出土。敞口，尖唇，短领，领上饰弦纹二道，束颈，斜肩中部折收，颈与折肩上部间饰指尖状连体纹，指尖中上部又饰弦纹数道，折肩处饰弦纹二道，肩下部有四个半环形横耳，耳与折肩处之间又饰弦纹一道。鼓腹，腹最大径靠上，腹下斜收，折肩至腹下部近底处拍印细小方格纹。平底。灰白胎，质地坚硬；口沿内外部及器外至腹下部近底处施青绿色釉，釉色莹亮，有玻璃质，部分脱落，釉聚处颜色较深，器身上挂有烛泪状釉痕，呈青黑色。通高 28.8 厘米，口径 13.2 厘米，底径 16.8 厘米，最大腹径 31.2 厘米。

青釉双系罐：蒙山县回龙村出土。直口，尖唇，沿下外侧有一周凸棱；短颈，肩部置双系；圆腹，腹上部饰凹弦纹一道，腹下部折而内收；平底。施青黄釉。通高 10 厘米，口径 9 厘米。

青釉双系罐

青瓷盂：合浦岭脚村三国墓出土。广口，圆唇，短领，扁鼓腹，平底微凹。灰白胎，涂釉后月垫饼垫底烧制。口沿、器外部及底部外圈施青釉，涂釉不是很均匀，表面有颗粒状，呈青白色；釉色莹亮，有玻璃质，部分脱落。底部饰同心圆的双弦纹四圈，最外一圈不太明显。通高 5.6 厘米，口径 21.6 厘米，腹径 25.6 厘米。

青瓷盂

陶灶：合浦岭脚村三国墓出土。残，橙红色胎，火候较低。灶身呈长方形，面上有两个灶眼，灶眼上放置两个小陶釜，平底；方形灶额，上有额墙，拱形灶门，额墙及灶门上刻划菱格纹，实心圆柱形烟突。灶身全长 25.4 厘米、宽 13 厘米，通高 18.4 厘米。

陶灶

陶仓：合浦岭脚村三国墓出土。残，橙红色胎，火候较低，为干栏式建筑。盖为两面坡顶，面饰瓦垄。仓室底部有 4 个圆柱状支脚，四壁刻划双线木构架纹。仓分两部分，前部为横廊，进深很小，有镂方孔的围栏；后部是储放粮食的仓室，正面中央开一方形的口作为门，开口切割下来的方形陶片作为门扇，门两侧有圆弧形的把手。盖长 34 厘米、宽 24 厘米，仓室长 30 厘米、宽 22.4 厘米，通高 30 厘米。

陶仓

铜壶

铜甗

三羊铜镜

三国黄龙元年铜镜

铜壶：合浦岭脚村三国墓出土。盘口，长束颈，溜肩，扁鼓腹，喇叭形高圈足；颈上部有两只半环形钮，钮衔活环，其中一只缺失；肩部模贴一对铺首，钮衔活环；肩部、腹部、腹下部分别饰弦纹三道。通高 34.4 厘米，口径 12.4 厘米，腹径 23.2 厘米，底径 20.8 厘米。

铜甗：合浦岭脚村三国墓出土。由鼎、甑和连接这两器的垫圈组成，甑在上，鼎在下。鼎为敛口，圆腹较深，中有宽沿一周，圜底，三足柱状折斜支，足支地部分似蹄状。垫圈似一圈足圆盘，起承托和密闭的作用，圈足为一中空的圆筒。以圆盘底为界可分上下两节，甑的榫圈正好套入该圆筒的上节，下节正好套入鼎口。甑为敛口，宽沿外折，长筒形身腹下部斜收，平底下有榫圈，沿下器身上有一对兽面铺首衔环，环又套一对活环（一只缺失），器身上衔环处饰弦纹三道。甑的底部即为箅，上面满布透气的谷粒状孔。甑的口径 24 厘米，甗通高 46 厘米。

三羊铜镜：合浦岭脚村三国墓出土。圆形，圆钮，圆钮座，座外三乳间三羊，三羊形态相似，顺时针朝向，外区有铭文，部分锈蚀，能辨认的有"……三□作竟（镜）……不羊宜□……"等字，据此推断该镜应为三羊镜。铭文外有短斜线纹、锯齿纹和双线波纹各一周，内侧斜边素窄缘。面径 11.3 厘米，缘厚 0.4 厘米。

三国黄龙元年铜镜：1966 年贵县高中水利工地出土。圆形，扁圆钮，圆钮座。座外一周 30 个外向连弧纹，近缘处一双弦凸圈分内、外两区。内区主纹自上而下分为五段，阶段线明确。第一段为神人，两侧有朱雀和龙；第二段为四个神人；第三段钮两侧为东王公和西王母；第二、第三段两侧有青龙和白虎；第四段为一神四兽；第五段为一神，左右两侧为朱雀、玄武。外区铭文由右旋的 37 个篆书反体字组成，为"黄龙元年太岁在……命人富贵"。面径 12 厘米，缘厚 0.4 厘米。

铜樽：合浦县岭脚村三国墓出土。广口，腹壁圆直，平底。器下三足为狮形座足，以背承托器底。盖顶平圆微凸起，中有环钮，钮内扣一圆环，周沿有两道凸棱，上立三只小羊作卧伏观望状。盖面边沿平折，盖下有唇扣入器口内，盖顶中间刻四叶纹，四叶之间布以青龙、白虎、朱雀、玄武，部分锈蚀。器身分布宽带纹三周，当中的一周加凸弦纹一匝，有兽面铺首衔环，两边对称。狮形座足、三只小羊、兽面铺首等镂刻痕迹明显，应是器身铸成后以刀刻出，而圆钮及圆环皆是铸成。通高26厘米，口径24厘米，底径25厘米。

铜樽

铜鼎：合浦岭脚村三国墓出土。带盖，盖下有唇扣入器口内。值得注意的是，盖下的唇上有对称的两个榫头，需与器身口沿上的两个卯眼对上后才能盖住。盖顶面上有四叶纹钮座，中央有环钮，外有凸棱一周，棱上立三只小羊。敛口，圆腹，中有宽沿一周，近于圜底，下附三撇足，足的横断面呈三角形，宽沿上有附耳一对，耳上部为环形，下部为长方形。通高26.8厘米，口径23.2厘米，腹径24.4厘米。

铜鼎

铜灯：合浦岭脚村三国墓出土，一套两件。由两盏单独的灯组成，两盏灯可分A、B二型，出土时A型叠放置于B型上。

A型为龟形灯，器身圆形如浅盘，直壁，平底，边沿伸出龟首一只，底附三足。其中，两足为龟足，另有一足呈圆筒状，筒内中空，位于与龟首对称的另一端。通高2厘米，灯盘直径4厘米。

B型为龙首形灯，器身圆形如浅盘，直壁，平底，下附三蹄足，边沿伸出一长颈龙首。灯盘中心立一针柱用以插烛，正对此针的盘底正中有圆筒连出，筒内中空。通高8.7厘米，灯盘直径7厘米。

铜灯

此灯既可平置于台桌上，又可把圆筒插入座架上把灯支起，另外龟首或龙首还可当执柄用作行灯，可谓用途广泛。

玉璏

金串饰

青瓷四耳罐

青瓷鸡首壶

青釉褐彩四系罐

玉璏：合浦岭脚村三国墓出土。刻有数种纹饰。长7厘米，宽2厘米。

金串饰：合浦岭脚村三国墓出土。算珠形，中间有孔，胎薄，一半饰弦纹，一半饰叶脉纹。长1.1厘米，最大径0.8厘米。

二、两晋时期器物

青瓷四耳罐：1972年梧州市文化路晋墓出土。扁圆短腹，短颈，口微外侈，平底。肩上有一周细凹弦纹，施淡青绿釉，内外施釉甚厚；肩腹部和四耳周围有很多褐釉斑点。四横耳对称于肩上。通高7厘米，口径8.5厘米，最大腹径12.3厘米，底径7.5厘米。

青瓷鸡首壶：1958年梧州市富民坊粮仓出土。盘口，高颈，鼓腹，平底。腹上部前有鸡首形流，后装圆条形柄，两侧装桥形系。施青釉，釉色莹润，玻璃质感强。通高22.8厘米，口径10厘米，底径15厘米。

青釉褐彩四系罐：1956年贵县加工厂西晋时期墓葬M1出土。口微敞，短颈，圆弧肩，肩部装四系，下腹渐收，平底。胎坚致，满施青黄釉，器口和肩部绘有褐色点彩。釉面有流淌聚釉痕和细小开片，胎釉结合不够紧密，出现斑驳剥落现象。通高11.5厘米，口径8厘米，底径8厘米。

青釉四系罐：1956 年贵县加工厂西晋时期墓葬 M1 出土。口微敞，上腹圆鼓，下腹较瘦长，平底。肩部装四系，饰一道弦纹。通体施青釉，釉面有细小开片，流淌明显，聚釉处呈青绿色。通高 19.3 厘米，口径 11.3 厘米，底径 13.3 厘米。

青釉四系罐

三、南北朝时期器物

青釉四系盘口壶：1974 年恭城县新街长茶地 M1 出土。盘口，颈较高，鼓腹，平底。颈部饰两道凸弦纹，肩部装 4 个桥形系。内外施稀薄的青黄釉，釉面开冰裂纹，外釉不及底。通高 27.1 厘米，口径 14.3 厘米，底径 11.5 厘米。

青釉唾壶：1974 年恭城县新街长茶地 M2 出土。盘口，粗颈，扁圆腹，假圈足，底内凹。通体施青釉，有细冰裂纹，部分釉已脱落；器底积釉呈墨绿色，如玻璃珠。通高 16.8 厘米，口径 13.2 厘米，底径 16.5 厘米。

青釉盘：1974 年恭城县新街长茶地 M1 出土。敞口，浅腹，平底。盘内刻划莲花纹和三道弦纹。内外施青黄釉，釉层部分剥落，外施半釉，底露胎。通高 3 厘米，口径 21.3 厘米。

青釉四系盘口壶

青釉唾壶

青釉盘

青釉碟

青釉钵

青釉杯

青釉碟：1974年恭城县新街长茶地M1出土。敞口，浅腹，平底。内外施青黄釉，布满开片，底露胎。通高2.4厘米，口径13厘米。

青釉钵：1974年恭城县新街长茶地出土。敛口，鼓腹，圜底。内外施青釉，釉层较均匀，布满细小开片，底露胎，口沿饰二道弦纹。通高11.5厘米，口径18厘米。

青釉杯：1974年恭城县新街长茶地出土。直口微敛，弧腹较深，饼形实足。釉色青黄，细腻而均匀，有开片，外釉不及底。通高4.8厘米，口径7.7厘米。

青釉托盘三足炉：1974年恭城县新街长茶地出土。炉为敞口，圆腹，平底，底有三蹄足。炉下粘附一平底圆盘。通体施青釉，釉薄均匀，光泽透亮。通高8.7厘米，炉口径10厘米，盘径14.4厘米。

青釉五足砚：1974年恭城县新街长茶地出土。直口，砚面隆起，周围有凹水槽，底沿装五蹄足，除砚面外通体施青釉，釉层有剥落，开细小冰裂纹，底部残留支钉痕。通高7厘米，口径18.4厘米，底径19.6厘米。

青釉托盘三足炉

青釉五足砚

青瓷虎子：1980年苍梧倒水南朝墓出土。体为蚕蛹状，圆口为虎头形，背有弧形提把，后附贴尾巴，四足屈曲前卧，釉色莹润。长28厘米。

骑马俑：1981年永福寿城南朝墓出土。俑头戴冠，着长袴，骑于马上，双手紧握马缰绳，目视前方。马体肥矮，背有鞍，鞍下垫褥垂至腹下，身配革带饰，头饰当卢。瓷质灰胎，外挂青釉，大部分已脱落。

陶犁田模型：1980年苍梧倒水南朝墓出土。泥质灰陶，平面长方形，长18厘米，宽15厘米。一角有漏斗状设施，中间纵贯一田埂，将耕地分为两块，各有一人在使牛耕田。

滑石俑：1982年融安县安宁黄家寨5号墓出土。高38.5厘米，宽9厘米，厚8厘米。戴高冠，方形脸，高鼻梁，眼部仅刻剑眉，无珠无睫，嘴成咬唇状，人中清晰，面部肌肉丰满，神态端庄。颈束一条宽带。身着宽袖长裙，衣领高耸，腰束宽带，足穿厚底船形鞋，鞋首微翘，上刻直线纹。

青瓷虎子

骑马俑

陶犁田模型

滑石俑

第九章
隋唐宋元明清时期考古常识

第一节　发现及研究概况

广西在隋、唐、宋、元、明、清时期还被称为经济不发达、文化落后的"南蛮之地"，但考古发现证明，这一时期广西在政治、经济、文化等方面有着自己的地方特点，保存有丰富的文化遗存，主要有遗址、窑址、墓葬和石刻等。遗址有城址、窑址、衙署、营盘、寺庙、塔阁、冶炼、铸造遗址等。墓葬，唐宋时期的发现较少，明清时期的较多，一般由封土堆、墓室、墓围、祭台和神道等部分组成，有单葬，也有合葬，有部分为岩洞葬。窑址以烧造瓷器、砖瓦的为主。

一、城址及建筑遗址

隋唐时期的城址以钦州钦江故城、灵山旧州古城址、上林智城峒遗址为代表；宋代有田东百银城址等；明代有桂林靖江王府、永福永宁州城城墙、北海白龙城、崇左太平府故城、平乐广运古城址等。

建筑遗址有桂林临桂区钱村遗址、藤县灵济寺遗址、柳州灵泉寺遗址等。

二、墓葬

隋唐时期的墓葬在钦州、灌阳、全州、兴安、平乐、容县、藤县、钟山等地都有零星发现，但规模都较小，只有钦州久隆的宁氏家族墓群延续时间较长，材料较丰富。一般都是砖室墓，墓砖常有纪年铭文，有的还随葬墓志。墓室平面形状有"凸"字形的、"干"字形的和"中"字形的。墓室多设壁龛、灯龛、排水沟，侧边常常加砌砖柱。随葬品也以青瓷器、陶器为主，青瓷器以碗、杯、盘口壶、砚较常见，陶器盛行四系罐，另有铜镜、铜钱。宋代墓葬发现不多，只在桂林、贵港、桂平、钟山做过零星清理，且都不是大墓。一般墓壁为砖砌，墓顶有的用砖券顶，有的则用石板盖顶。随葬品比较简单，一般有陶坛 1 对、铜镜 1 件、铜钱若干，有的另有金银钗、耳环等饰件。明代墓葬以位于桂林市郊尧山西麓的靖江王陵及其宗室墓为代表。明代土官墓有宁明县明江的黄善璋土司墓，于 1966 年发掘，为夫妇合葬墓。墓中随葬品除鎏金铜炉外，还有金冠、金簪、金钱、铁牛、镇墓兽、石墓志等 20 余件器物。近年来发掘的墓葬还有崇左市北宋至明清时期的墓葬、合浦九只岭明代石室墓、桂林市叠彩区大河乡明代靖江王陵、平乐木棺汀明清墓葬、昭平篁竹明清墓葬、昭平白马山明清墓葬等。明清时期经过发掘的墓葬较少，大部分还存留于地下，主要有东兰韦虎臣墓、大新茶岭土司墓群、田东陆氏墓、百色田阳区瓦氏夫人墓、靖西岑氏墓群、凌云岑云汉墓、都安瑶族自治县潘凤岗墓、扶绥双甲墓群、那坡岑池凤墓、凤山韦昆年墓、德保兰峒岑氏土官墓、环江毛南族自治县凤腾山古墓群等。

崖洞葬，又名崖墓，从先秦时期一直延续至近代，是人类利用天然的石灰岩溶洞放置棺材的一种特殊葬俗，在广西 24 个县（市）发现 120 多处。其主要集中在桂西、

桂林叠彩区大河乡明代靖江王陵 M9

桂西南和桂西北地区，部分见于桂中、桂北地区，以左江、右江和红水河流域为中心。仅南丹县里湖瑶族乡就有 38 处，大新县有 15 处，平果市 9 处，隆安县 7 处，天等县、河池市（除南丹县外）各 6 处，有的分布相当密集。从隋唐时期至民国时期的主要崖洞葬有平果岜央山崖洞葬、隆安弄埋崖洞葬、大新樟屯岜自崖洞葬、龙州棉江花山崖洞葬、天等江梅屯后山崖洞葬、崇左山峙崖洞葬等。

三、窑址

隋唐时期的窑址有桂林雁山区柘木镇的桂州窑址，容县琼新窑，合浦英罗窑、南康窑、东场窑，都是烧造青瓷的唐代瓷窑。北海的英罗窑址和晚姑娘窑址，位于北部湾沿海，于 2015 年和 2017 年进行发掘，发现龙窑、灰坑、柱洞等遗迹，出土大量的陶瓷器；产品类型大部分相同，形制一致，多为民用生活器具，以青瓷器为主，有瓮、罐、壶、盒、盆、盘、碗、碟、盅、擂钵、纺轮、网坠等器型，胎厚重，素面，还有少量的陶器。北部湾沿海的北海、钦州、防城港，南流江－北流河流域的玉林，西江流域的贵港，以及越南、印度尼西亚等地也发现有类似于北海唐代窑场的瓷器。

合浦英罗窑址的龙窑

北流岭峒一号窑址

宋代是广西陶瓷发展的黄金时期，窑址在广西各地均有发现，以兴安严关窑、永福窑田岭窑、容县城关窑、北流岭峒窑、藤县中和窑、桂平西山窑、柳江立冲窑、崇左旧车渡窑、忻城红渡窑等，造就了广西白瓷和青瓷两大产瓷基地。青白瓷是宋代景德镇创烧的新瓷种，胎质细腻、洁白、坚薄，呈半透明状态，釉色介于青白之间，青中带白，白中闪青，故亦称影青瓷。广西青白瓷创烧于北宋中期，南宋时进入鼎盛时期，南宋末年衰落消失。已发现青白瓷窑址 12 处，均分布于桂东地区的 5 个市县，集中于北流河沿岸，此处是宋代广西最大的青白瓷生产基地。青瓷窑址主要分布于湘江上游、漓江、洛清江一线沿岸。

元明时期的窑址主要有位于柳城县的大埔窑址，该窑址是一座以生产、生活日用器具为主的青瓷民窑，出土有酱、黑、青灰、青黄、仿钧等色釉的各式碗、盘、盏、碟、杯、壶、盆、炉、水注、灯、灯盏等瓷器，其年代在宋末至元代。此外，还有合浦宁海窑址，1957 年被广东省博物馆文物普查队发现，1980 年广西壮族自治区文物工作队对其进行清理发掘。宁海窑址主烧瓮、壶、盆、擂盆、碗、钵、筷筒、罐、灯等生产、生活器具。其中一件胎质细白坚硬的压槌背后刻有楷书铭文"嘉靖二十八年四月二十日造"，

柳江立冲窑出土瓷器

证明该窑址兴烧年代为明代。近年发掘的窑址有柳州柳江区里雍镇立冲南窑址、桂平木圭镇功名冲窑址、藤县岭尾村窑址、崇左旧车渡古窑址等。

四、铸造及冶炼遗址

广西的铸造遗址发现不多，主要有梧州钱监遗址、贺州钱监遗址。梧州钱监遗址位于梧州市抚河南岸的钱监村，于1964年文物普查时发现。1965年清理发掘其西南角的一部分时，发现铸钱作坊，有当年的操作坑、原料坑、炼炉、储水池、水沟，出土大量的铜渣、木炭、熔炉、坩埚、风管、陶杵等原材料、冶炼工具和一批铜钱。铜钱是铸造产品，有"元祐通宝"折二钱、"崇宁重宝"当十钱、"圣宋元宝"小平钱、"政和通宝"小平钱，共56枚，均是北宋后期哲宗、徽宗时期的。北宋熙宁年间，因广西梧州铅、锡易得，于此增设钱监，置监铸官；北宋崇宁年间，梧州钱监岁铸钱18万缗，为江南六大钱监之一；南宋初年毁于战乱。贺州市钱监遗址位于贺州市八步区莲塘镇，于1963年文物普查时发现，1997年发掘，遗迹有炼炉、柱洞等，出土遗物有青灰色瓦片、残砖、瓷片、陶片和"政和通宝"铁钱20余枚。

广西的冶炼遗址有兴业绿鸦场冶铁遗址，位于兴业县龙安镇龙安村，于1998年文物普查时发现，尚存炼铁炉5座、炼渣13堆，采集到残风管、泥范和大量宋代瓷片。1998年8月，在绿鸦村北岭崎墩（社头坡）建胜果寺挖地基，又发现炼铁炉4座，附近有炉渣堆积层和铁矿石块，反映出此处曾为冶铁遗址。据南宋《舆地纪胜》载："绿鸦场在南流县，收铁六万四千七百斤，往韶州涔水场库交。"涔水场在广东韶关市曲江区南，是一个大型多金属矿场，是宋代在粤北最著名的铜场。绿鸦场所产的铁运往涔水场作为水法冶铜的原料。

五、其他

除上述遗存外，还有运河、石刻、岩画等方面的遗存。

唐代有两条运河。一为相思埭，又名陡河，因处灵渠之南，又称南陡河或南渠，位于桂林市临桂区良丰至永福县大湾之间。此河北通漓江，南达洛清江，沟通桂江与柳江之间的航运，因而又称桂柳运河。二是天威遥，又称仙人隆，位于防城港市江山镇潭蓬村西南，是一条人工开凿的石渠。

石刻方面，隋唐时期广西最早的摩崖造像可能是博白宴石山摩崖造像和桂林西山摩崖佛造像。桂林是广西佛造像最集中的地方，其他地区只有零星分布。桂林的摩崖佛

上林《六合坚固大宅颂》碑　　　　桂林龙隐岩洞口崖壁上的《元祐党籍》碑

造像主要集中在西山、骝马山、伏波山、叠彩山，在象鼻山、轿子山等地也有零星散布。位于上林县澄泰乡洋渡石牛山东面石牛洞内的《六合坚固大宅颂》碑刻于唐永淳元年（682年），是岭南地区保存至今年代最早的唐碑。在上林县城东约20千米处的覃排乡爱长村石俭屯后智城山崖壁上的智城碑则刻于武则天万岁通天二年（697年），年代也较早。宋代有《大宋平蛮碑》、《元祐党籍》碑、《靖江府城防图》等石刻。《元祐党籍》碑在广西有两处，一处在桂林市龙隐岩洞口崖壁上，另一处在融水苗族自治县真仙岩。《静江府城防图》石刻在桂林市观音阁鹦鹉山崖壁上。

岩画方面，在金秀瑶族自治县有发现，而左江岩画延续的时间可能至唐宋时期。

第二节　城址、窑址、墓葬和石刻举例

广西发现的唐宋元明清时期的城址、窑址、墓葬和石刻较多，经过考古发掘的城址有田东百银城址、北海白龙城遗址等，窑址有兴安严关窑址、永福窑田岭窑址、北流岭峒窑址、藤县中和窑址等。

一、城址

钦州钦江故城：位于钦州市城东北25千米处的久隆镇上东坝村东北。城址南北长约200米，东西宽约180米。城墙用红色土夯筑而成，极坚实。现在所看到的残存城墙，高出地面5～10米，墙底部厚8米，墙顶厚3～4米。城址四周护城池尚能依稀辨认出来。该城址现已全部辟为水田。城址内出土遗物有板瓦、筒瓦、莲花纹瓦当、绳纹红砖、菱纹红砖、青瓷碗片、玉璧形碗足、青瓷罐等。

钦州钦江故城

田东百银城址：位于田东县祥周镇百银村上寨屯右江北岸台地上，2011年发掘。城址平面近梯形，呈东北—西南走向，东、西、北三面仍保留有城墙及城壕，南面为临江断坎。发现陶窑、灰坑等遗迹，出土瓷器、陶器及砖、瓦、瓦当等建筑构件。瓷器来源广泛，既有江西景德镇的，也有福建等地的。大批来自桂东南地区的青白瓷器，表明当时商贸的繁盛，这与宋代横山寨开设博易场的记载一致。该城址对研究宋代横山寨博易场及茶马古道具有重要价值。

田东百银城址西城墙剖面

　　崇左太平府故城：位于崇左市江州区太平镇，建于明洪武五年（1372年），时筑土城，分为外城和内城。明永乐六年（1408年），左江洪水暴涨，内城墙被淹坍塌，后重修，同时在土城内外两侧垒砌石或砖。

崇左太平府故城

　　桂林王城遗址： 位于桂林市中心独秀峰下，是明代靖江王府的所在地，因设在桂林，故称桂林王城。王府从洪武五年（1372年）开始按藩王府第规格兴建，至洪武二十五年（1392年）才基本建成，面积为188700平方米。建筑布局以独秀峰为中心，山南为宫殿，山北为御花园，端礼门、承运门、承运殿、王宫门、后寝宫、广智门，都与独秀峰处于南北中轴线上。明洪武二十六年（1393年）周围建城墙，至明永乐元年（1403年）建成。城墙周长1000米、高约8米，内外均用方整的大青石砌筑，中间填以灰砂、碎石、泥土，夯紧打实。全城开四门，东称体仁，南名端礼，西为遵义，北曰广智。城墙上有女墙和城楼。现存的王城城垣、体仁门、端礼门、遵义门、承运殿台基及其勾栏望柱、云阶玉陛，皆是明代时建的。广西文物保护与考古研究所于2013年和2017年分别对东巷和西巷进行勘探试掘，在东巷发现了明代靖江王府宗祠基址，在西巷则发现了社稷坛遗存，另外还发现了唐代至清代各个时期的文化堆积及遗迹和遗物，这些发现为研究桂林城市的历史沿革积累了珍贵的考古材料。

桂林靖江王府宗祠基址

北海白龙城遗址：位于北海市铁山港区营盘镇白龙村，处于北部湾南岸。2014 年对该遗址进行考古调查、勘探和试掘，探明城内及城外南面百米范围内堆积有厚度不均的珍珠贝壳，分布面积约 5 万平方米，最厚处达 5 米，同时发现沟槽、砖砌基础、珍珠贝壳（厚约 0.5 米）等遗存，以及清晰的车辙（宽 1.7 米）痕迹。白龙城是明代集珍珠监采、海盐生产、海防军事于一体的城堡，始建于明洪武初年，城内外置有采珠太监公馆、珠场司巡检署、盐场大使衙门、宁海寺、天妃庙等官署和礼仪建筑，清初曾一度荒废，康熙年间重修后专务于军事海防，抗日战争时期被拆毁。城平面略呈长方形，南北长约 320.5 米、东西宽 233 米，四周筑墙围护，辟有东、南、西、北四个门，南门是正面，南、北面有城壕。

北海白龙城遗址西城门基础及道路遗迹

桂平弩滩巡检司城址西城墙北段

桂平弩滩巡检司城址：位于桂平市南木镇弩滩村黔江东岸，2015—2016 年发掘。建于明代，是明政府为了平定大藤峡农民武装而设立的戍堡。城坐东北朝西南，四周筑墙围护，北墙长 110 米、东墙残长 154 米、南墙残长 126 米、西墙长 180 米。城门在北墙中部，西北角发现角楼基础，北墙北侧有壕沟，城内有房址、灰沟、灰坑、水井等遗迹，出土陶器、瓷器数量丰富，还有少量钱币、铜镜、砚台、黛砚、铁器、柱础等。城址西面黔江边发现采石场。该城址的发掘，以实物的形式展现了明代基层军事机构的选址、形制及布局，为认识明代广西地区的民族关系及社会发展状况增添了可靠的考古材料。

二、窑址

桂林桂州窑址：位于桂林市雁山区柘木镇窑头村，东南近漓江。1965 年发现，有窑 10 余座。1988 年对其中 2 处窑炉基址的 3 座瓷窑进行抢救性发掘。窑炉均为斜坡式，

桂林桂州窑址发掘区

平面作长条形，顺坡势而建。主要生产日用器具，陶质灰胎，釉色以青釉色为主，纹饰以刻划纹和模印纹为主。器物多厚唇矮圈足，为唐—五代遗风，其中多角坛、盘口附加堆纹坛为桂林北宋墓中常见的随葬品。3号窑以寺院用器和建筑构件为主，其中有佛像18件，风格与桂林唐代中、晚期摩崖石造像风格相似。整个窑场应创烧于南朝晚期，盛于隋唐，衰于北宋，与桂林佛教的兴衰密切相关。

藤县中和窑址：位于藤县藤州镇中和村附近，是一处以生产外销瓷器为主的民间瓷窑遗址。1963年冬调查发现，1964年9月在西马岭西坡发掘一座，1975年秋在瓦模山北坡又发掘一座。窑床依山势而建，为斜坡式龙窑。制坯普遍用轮制，亦兼用模印，装烧技术普遍使用一钵一器的仰烧法，晚期采用一钵多器的叠烧法。产品有碗、盏、盘、碟、杯、壶、盒、罐、瓶、钵、灯、枕、腰鼓等，其中以碗、盏、盘、碟为大宗。胎较轻薄，胎质洁白细腻，有较好的半透明度；釉色以青白色的影青釉为主，有少量米黄、灰褐釉。

永福窑田岭窑址：位于永福县永福镇南雄村方家寨窑田岭至广福乡大屯村木浪头之间长约6千米的洛清江两岸。发现斜坡式龙窑11座、葫芦形窑4座、作坊1处以及

永福窑田岭窑址发掘区

大量的灰坑、柱洞、灰沟等遗迹。瓷器以碗、碟、盏、盘为主，还有执壶、瓜棱罐、檐口罐、鸟食罐、薰炉、灯、瓶、盆、钵、腰鼓、笔筒、熏炉等。施釉以青釉占绝大多数，还有酱釉、铜红釉等。装饰以印花为主，也有刻花、贴花、绘花。创烧于北宋晚期，盛于南宋，至南宋末年废弃。

兴安严关窑址：位于兴安县严关镇、灵渠左岸，1956年发现，1963年第一次试掘，1983年发掘2座坡式龙窑。烧造方法是明火叠烧，不用匣钵，器物以垫柱相间套叠，仰放，下再承以垫柱。主要烧造碗、盏、盘、碟、杯、壶、罐、砚等生活用品。灰质胎，类似紫砂；釉以青釉、月白釉为主，还有花釉、玳瑁釉、仿钧和窑变。青釉以青色为基调，有青黄、酱黄、姜黄等色泽，其中点彩釉器、挂彩釉器、月白釉器、八棱青黄釉器及印花器较有特色。装饰艺术以印花为主，亦有划花、刻花。图案以"双鱼海水""荷花戏婴"为题材，有牡丹、菊、莲等缠枝、交枝和折枝花卉纹样。南宋初年创烧，嘉定至宝祐年间为鼎盛时期，南宋末年衰落。

崇左旧车渡古窑址：位于崇左市太平镇旧车渡附近的丽江公园内，左江的左岸，离左江约30米。2002年开展扶绥山秀水利枢纽工程库区考古调查时发现。2007

崇左旧车渡古窑址出土的瓷器

年 9—12 月，广西文物考古研究所会同崇左市文物局进行抢救性发掘。经发掘，发现古窑床 1 处，窑床破坏严重，窑室结构不明。废品堆也只残存部分，主要产品为青釉瓷器，器物有碗、杯、碟、盘、壶、罐、网坠、匣钵等，有个别为铜红釉瓷器。窑址的年代大约为北宋时期。

藤县岭尾村窑址：位于藤县蒙江镇新安村，开展 2002 年长洲水利枢纽工程考古调查时发现。2006 年 12 月，为配合长洲水利枢纽工程的建设，广西文物考古研究所对其进行了抢救性发掘。该窑址由 4 座古窑组成，窑的结构为馒头形，由窑门、火膛、烟囱、烟道、通风口等组成。Y1 的窑室平面为椭圆形，有 4 个烟囱，窑室高约 2.6 米，保存相对完整。岭尾村窑址出土的遗物均为建筑用瓦，瓦的一面为布纹，一面为素面。从窑室的结构、形制推断，窑址的年代为明代。

藤县岭尾村窑址 Y3

三、墓葬

灌阳画眉井隋墓：位于灌阳县新街镇车头村画眉井山冲里，1984 年冬发现，长方形券顶砖室墓。有一座墓的墓砖侧边刻有铭文"大业七年六月黄元墓"，隋大业七年即 611 年。出土青瓷盘口壶、青瓷碗、青瓷三足砚和铜锥壶等。

钦州宁氏家族墓：位于钦州市钦南区久隆镇。墓葬多为中小型券顶砖室墓。墓坑结构分墓室、甬道等部分，平面呈"凸"字形或其变体。随葬品有青瓷碗、杯、唾壶、钵、陶四系罐、琉璃杯等。墓主人是在岭南"世代为豪"的宁氏家族。其中宁赞碑、宁道务碑是研究南朝至唐代岭南豪族宁氏家族最翔实可靠的原始材料。

宁明黄善璋墓：位于宁明县明江镇板册岭。黄善璋乃思明土府始祖，宋皇祐四年（1052 年）因随狄青南征有功，被封为都元帅，设永平寨世袭，死后葬于板册岭。该墓现存墓门，门前有华表两条，神道长 100 余米，两侧依次排列石兽、石马、文翁仲、武翁仲等。

灌阳画眉井隋墓

宁明黄善璋墓武翁仲

桂林靖江王陵：位于桂林市郊尧山西麓，20 世纪 80 年代文物普查发现有王、妃、夫人、将军、中尉及其宗室墓 316 座，现存高等级墓有王、妃合葬墓 11 座，厚葬次妃墓 3 座。每座王陵的建筑布局均呈长方形，中轴线上是陵门、中门、享殿和地宫，外有两道陵墙（荣穆王陵除外），可分为外园、内宫两大部分。外园一般有厢房、陵门、神道、三带桥及石人、石兽、碑亭，内宫有中门、享殿和地宫。以悼僖王朱赞仪的墓规模最大，占地面积约 363 亩，正面建 3 拱陵门，俗称三券门。2012—2015 年，为配合靖江王陵考古遗址公园规划与建设，广西文物保护与考古研究所、桂林市靖江王陵文物管理处、桂林市文物工作队等单位联合对靖江昭和、温裕、安肃、悼僖、怀顺、宪定、荣穆 7 座王陵及 1 处奉祠遗址进行考古发掘清理工作，基本弄清了各个王陵的陵园布局及构筑方式，还发现了一批重要遗迹，取得了重大考古新发现。

桂林靖江王陵——温裕王陵石作仪仗

桂林靖江悼僖王陵奉祠遗址

百色田阳区瓦氏夫人墓

百色田阳区瓦氏夫人墓：位于百色市田阳区田州镇隆平村那豆屯东北，明嘉靖三十四年（1555年）建，清代重修。墓为六边形土堆墓，砖砌边墙，正面为墓碑，碑文为楷书"前明嘉靖特封淑人岑门十六世祖妣瓦氏太君之墓"。立碑人为田州岑氏二十六世裔孙、世袭田州知州四品官岑煜，立碑时间为清嘉庆十年（1805年），在此之前有无墓碑尚不明。另五边砖墙镶有浮雕，分别为火麒麟、玉兔、双狮戏珠、罗伞官人图；墓前两侧立有华表、石狮、石狗、石马、石人；三合土封土，顶为圆头石雕。1994年公布为广西壮族自治区文物保护单位。瓦氏夫人，本名岑氏瓦，田州岑氏十六世祖、世袭田州府指挥同知岑猛二房。1554年奉诏率田州俍兵赴江浙御倭，授参将总兵衔，参加著名的"王江泾之战"等八次大战而荣立战功，两次受明皇帝嘉奖，并赐封二品夫人。

南丹里湖岩洞葬：位于南丹县白裤瑶地区，其棺材主要是拼合式方棺，棺身呈长方形，有的棺盖板、底板内面四周开槽，将侧板与挡板嵌入槽中，侧板两端凿出凸起的雀尾，雀尾上凿出方形榫眼，穿以长木栓，然后放在用4根立柱和4根横木组成的"井"字形棺架上，置于岩洞中。一般一家人合用一棺，棺盖可以随时开启，谁先死就先放谁，后死者开棺再放入，一棺满后再置一棺，形成几代人的同棺合葬。

南丹里湖岩洞葬

四、石刻

博白宴石山摩崖造像：位于博白县顿谷镇石坪村，1988年进行文物普查时在山崖上发现三龛。这三龛造像排列在一起，雕刻面宽5.5米、高3米。龛形都是尖拱形，正中一龛内为坐佛一尊，左右两龛均为一佛二菩萨。这些造像都因长期风化，剥蚀严重。从整个造像风格来看，似为隋唐时期的作品，是广西境内已知最早的摩崖造像之一。

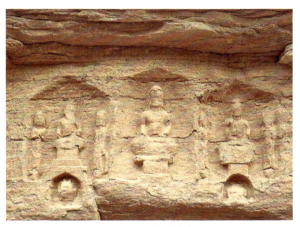

博白宴石山摩崖造像

上林智城碑：位于上林县覃排乡爱长村石俭屯后的智城山崖壁上。刻于武周万岁通天二年（697年）。碑高164厘米，宽78厘米。碑文上款有"廖州大首领左玉钤卫金谷卫金谷府长上左果毅都尉员外置上骑都尉检校廖州刺史韦敬辨智城碑一首并序"，下款刻"维大周万岁通天贰年岁次丁酉肆月丁卯朔柒日癸酉检校无虞县令韦敬一制"。碑文由序文和诗两部分组成，内容是盛赞智城峒及其附近的自然环境，颂扬韦敬辨文治武功。全碑共24行，真书，字径1.5厘米，首行42字，末行32字，其余每行47字，行文1108字。碑文中的"日""月""星""天""地""年"

上林智城碑

皆用武则天自造字，此外，还有一些简体字和土俗字，对研究壮族地区古代文字的发展有重要价值。

桂林西山摩崖佛造像

桂林摩崖佛造像：主要集中在桂林市西山、骝马山、伏波山、叠彩山，在象鼻山、轿子山等地也有零星散布。这些摩崖造像年代为唐代，风格大致相同，以脸型丰满、形态温和、服饰简朴、雕凿精巧为著，显示了一脉相承的风格，这些造像同中国北方和中原地区的有显著不同。

桂林静江府城防图石刻：位于桂林市观音阁鹦鹉山崖壁上，是南宋宝祐六年（1258年）以来，静江府为防御蒙古军队入侵，前后四次所修城防工事的平面图。图面高3.4米、宽3米，分城图和图桂林碑刻记两部分，刻划了全城形制、街道、桥梁及山川形势，其中有关军事防卫的城壕、关隘、军营、官署都详加注明，忠实而详尽地记录了这四次增筑桂林城池的情况。

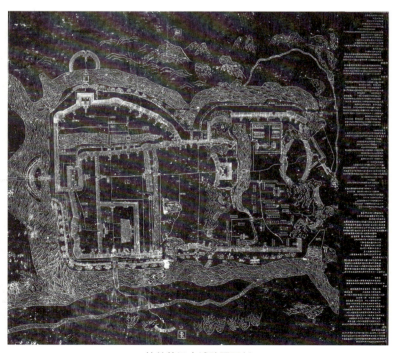

桂林静江府城防图石刻

五、其他遗存

藤县灵济寺遗址：位于藤县赤水乡大元村石厚屯石银岭北坡的台地上，2000 年 4 月广西文物工作队进行发掘，有建筑遗迹、建筑材料、石刻造像等。发掘资料表明，灵济寺始建于明万历以前，于明万历年间和清嘉庆、光绪年间经历了三次重建。

桂林临桂区钱村遗址：位于临桂区南边山镇钱村东南面。2004 年 3 月配合桂林至梧州高速公路建设考古勘探时发现，现存面积约 12000 平方米。2004 年 8—9 月，广西文物工作队对该遗址进行发掘，发现石墙 5 处、灰坑 9 个、柱洞 198 个、沟 4 条。在文化层中出土大量遗物，有瓷器、残瓷片、残瓦片、残砖、陶片等，这些器物均为北宋晚期至南宋时期烧造，因此遗址年代应是北宋晚期至南宋时期。

桂林临桂区钱村遗址

第三节 器物分类与描述

　　广西唐宋元明清时期的文物主要是窑址出土的大量瓷器，主要有碗、盏、盘、碟、杯、壶、盒、罐、瓶、钵、灯、枕、腰鼓等。

一、金属器

　　禽兽葡萄铜方镜：1973年藤县城关镇三合村黄村坝下出土。面径11.1厘米×11.1厘米，缘厚1.2厘米。镜面为正方形，伏兽钮。色黝黑，镜面光亮异常，须毛可鉴，高沿凹脊；镜背浮雕饰分两层，内层为四兽葡萄图案，外层为非禽葡萄图案。此镜色黝黑，是所谓的黑漆古，图案清晰，制作精致，反映了唐代铸造铜镜工艺的精湛水平。

　　"武夷县之印"铜印：唐代，1984年隆安县城厢镇出土。印通高4.2厘米，印面5.4厘米×5.4厘米，边厚1.5厘米。鼻钮，印面为正方形，印文字体为朱文小篆，文曰"武夷县之印"，其背也镌刻"武夷县之印"，无铸颁年款。出土时置于一铜盒内，盒通高9.5厘米，长宽规格6.6厘米×6.6厘米，自口合盖，盖与身以铰链相连，作攒尖形加元宝顶，四边镂空作心形。据《新唐书·地理志》载，武夷县为唐代所置，属岭南道武峨州，其地当在今隆安县境内。

禽兽葡萄铜方镜

"武夷县之印"铜印

　　錾花鎏金银摩羯：宋代，1992年南丹县小场乡（今城关镇）附城村虎形山出土。器体呈摩羯形，鼻微卷，怒目，独角，高耸双翼，背如船篷形，腹部刻鳞片，形象生动。通高14.8厘米，长34.0厘米，宽9.2厘米，重800克。

錾花鎏金银摩羯

人物故事纹铜镜：1955年桂林市北郊宋代墓葬出土。镜面呈八瓣菱花形，圆钮。钮右侧饰以连绵的群山及寺门；钮左侧饰以山岩和大树一棵，树下有一长桥，桥的左右两端各立有3人。面径17.6厘米，缘厚0.5厘米。

人物故事纹铜镜

二、陶瓷器

青釉碗：1977年钦州市双墩M5出土。敞口，深腹，弧形壁，饼形足，内外壁均施青黄釉，外壁施釉不及底，有小开片。时代为隋。通高5.1厘米，口径10.7厘米，足径4.0厘米。

青釉碗

青瓷盘口壶：2003年灌阳县新街乡（今新街镇）车头村画眉井隋墓出土。盘较深而敞，细长颈，盘与颈部相接处有明显的凸棱，圆肩，腹往下内收，平底，肩上饰四个半环形立耳。腹上部以上施青黄釉，下部至底露胎。釉色透亮，有细小开片。胎釉结合紧密。通高36.0厘米，口径13.6厘米，底径10.5厘米。

青瓷盘口壶

联珠纹瓦当：1978年容县城厢镇（今容州镇）红卫路出土，唐代产品。半圆筒形瓦，当面印两周联珠纹和凸弦纹，中心饰以五瓣花纹。青灰陶胎，胎厚，烧成火候高，质地坚硬。面径12.8厘米，长35.6厘米。

联珠纹瓦当

青釉彩绘花腔瓷腰鼓：1979 年永福县方家寨窑田岭窑址出土，是该窑的代表产品之一。细长腰，一端似球形，另一端呈喇叭形，灰胎，通体施青釉，饰以釉下褐彩花纹。鼓腔内书写"蒋四""蒋小八"人名，或为工匠名。长 58 厘米，鼓面径 19.8 厘米，另一端径 11 厘米。腰鼓一般作为乐器使用。

青釉彩绘花腔瓷腰鼓

"癸未"款海水双鱼印花陶模：1964 年兴安县严关窑出土。呈蘑菇状，印面半球形，陶质坚硬，色灰白，模面纹饰阴刻，边缘和中心为弦纹，其间主纹为海水双鱼图案，系瓷碗印花模。柄侧刻楷书"癸未年孟夏终旬置造花头周三四记匠"16 个字，其中"癸未"是年款，"周三四"是窑工的名字。"癸未"应是北宋崇宁二年（1103 年）或南宋隆兴元年（1163 年）或南宋嘉定十六年（1223 年）。花纹图案精美，说明该窑的制瓷工艺已达到了很高的水平。通高 13.7 厘米，面径 15.5 厘米，柄径 9.5 厘米。

"癸未"款海水双鱼印花陶模

酱黑釉瓷盏：1963 年兴安县严关窑出土。敞口，口下微束，深腹，下假圈足。内外壁均施酱黑釉，釉厚，有泪痕，足露灰白胎。此盏是严关窑代表产品。通高 6.9 厘米，口径 10.9 厘米，足径 3.5 厘米。

"元祐七年"款缠枝菊花纹瓷印模：1988 年容县容城镇（今容州镇）城关窑址下沙窑区出土。印模呈蘑菇状，饰以缠枝菊花纹，柄上刻有"元祐七年七月……花头"款。"元祐"为北宋时期的年号，"元祐七年"即 1092 年。通高 12.5 厘米，面径 9 厘米，柄径 6.7 厘米。

青白釉婴戏纹印花瓷盏：1975 年藤县中和窑出土。呈斗笠形，敞口，斜壁，小圈足；内壁印三婴戏莲纹，内外壁均施青白釉。胎体轻薄细腻，足底露白胎。通高 4.2 厘米，口径 12.7 厘米，足径 3.7 厘米。

酱黑釉瓷盏

"元祐七年"款缠枝菊花纹瓷印模

青白釉婴戏纹印花瓷盏

青白瓷魂瓶

青白瓷魂瓶： 1986年北流市松花镇（今北流镇）勾漏村出土。南宋时期产品。瓶肩上有镂空围栏一圈。通高31.8厘米，栏径10.5厘米，足径8.3厘米。

影青釉葵口卧足碟： 1964年藤县中和窑出土。碟为五瓣葵口，折腹，卧足，底稍内凹，有弦纹；内外均施青白釉，外底足露胎。通高1.8厘米，口径12.0厘米。

影青开片瓷杯： 1964年藤县中和窑出土。瓷杯胎较薄，呈灰白色，口微敛，深腹，圈足；内外壁均施釉，釉色青泛黄，晶莹润滑，器底露胎，小开片。工艺水平很高，是中和窑代表产品之一。通高4.8厘米，口径7.7厘米，足径3.8厘米。

影青釉葵口卧足碟

影青开片瓷杯

酱釉葵口折腰碟：1953 年容县容城镇城关窑址下沙窑区出土。葵口，浅腹，折腰，平底小圈足，内外壁均施酱釉。通高 4.2 厘米，口径 16.7 厘米，足径 4.7 厘米。北宋时期，桂东南地区除烧造青白釉瓷器外，还烧造少量的酱釉瓷器。

陶坩埚：1964 年梧州市钱监遗址出土，是宋代梧州钱监的熔铜工具。直口，深腹，圜底。器壁厚重，内壁留有陶拍布纹，陶质。高 18.3 厘米，口径 11.0 厘米。

青釉"福"字款印花碗：柳城大埔窑出土，为元代产品。侈口，斜壁微弧，圈足。胎呈灰色，内外壁均施青釉，外壁施釉不及底。内底留有 6 颗支钉痕，内壁中部饰弦纹一道，弦纹下方至底部印一周菊花纹，花瓣间点缀花蕊纹，碗心印一福字。通高 6 厘米，口径 16 厘米。

酱釉葵口折腰碟

陶坩埚

青釉"福"字款印花碗

长方斗状瓷烟斗：1980 年合浦县上窑窑址出土。合浦县上窑明代窑址共出土瓷烟斗 3 件。其中最完整、最精细的一件长 3.4 厘米，斗高 2.3 厘米，杆孔径 1.0 厘米，斗径 1.5 厘米；呈长方曲尺形斗状，灰白胎，除底面无釉外，其余三面均施青黄釉。烟草原产于美洲，文献记载明万历年间传入我国。至于出土烟斗的绝对年代，可参考同时出土的一件压槌，其背刻有"嘉靖二十八年四月二十四日造"铭记，嘉靖二十八年即 1549 年，这证明了它是我国迄今发现的最早的烟斗。

长方斗状瓷烟斗

青花携酒寻芳梅瓶：明宣德年间（1426—1435 年）烧造，1972 年于桂林市尧山靖江安肃王夫妇墓出土。唇口，短颈，丰肩，圆腹，腹以下至足渐收，沙底略上敛。装饰图案分四层，各层之间以弦纹分隔。颈部绘青花龟背锦地纹；肩部绘青花波涛开光海马纹；胫部绘青花海波纹，与肩部海波纹遥相对应；腹部主题纹饰为青花山水人物图，取古文人雅士"携酒寻芳"之意。此瓶线条流畅，构图精妙，人物、景色层次分明。整个器物工整端正，美观秀雅，且胎体厚重，质地细腻，釉色莹润，是广西出土青花瓷器中的代表作品。通高 38.4 厘米，口径 6.0 厘米，足径 11.2 厘米。

青花携酒寻芳梅瓶

第十章

古建筑常识

第一节　古建筑的发展概况

　　古建筑是我国古代物质文化遗存中极其重要的部分，其在几千年的中华文明发展史中，有着辉煌的成就，形成了独树一帜的建筑体系，在世界建筑史上占有重要的地位。

　　我国古建筑经历了原始社会、奴隶社会、封建社会、半殖民地半封建社会四个历史阶段，时间最晚可追溯到清宣统三年（1911 年），其中封建社会是我国古典建筑形成发展的主要阶段。

一、原始社会的建筑

　　原始社会建筑的发展是极其缓慢的，在生产力极其低下的情况下，利用天然洞穴和"构木为巢"是当时普遍的原始居住方式，如旧石器时代早期北京周口店龙骨山山洞的北京猿人、旧石器时代中期广东的马坝人、旧石器时代晚期广西的柳江人等所居住的洞穴遗址。在新石器时代，随着氏族制度形成、居民村落普及，房屋开始出现，其中主要的代表性房屋是黄河流域的木骨泥墙房屋和长江流域的干栏式建筑，如陕西西安半坡遗址、浙江余姚河姆渡遗址发现的房屋遗迹。在漫长的岁月里，先民们艰难地从建筑穴居和巢居开始，逐步掌握了营建地面房屋的技术，创造了原始的木构建筑，满足了最基本的居住和公共活动要求。

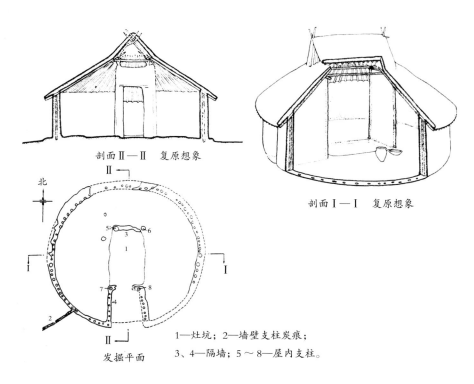

剖面Ⅱ—Ⅱ　复原想象

北

剖面Ⅰ—Ⅰ　复原想象

发掘平面

1—灶坑；2—墙壁支柱炭痕；
3、4—隔墙；5～8—屋内支柱。

陕西西安半坡遗址的原始社会圆形住房

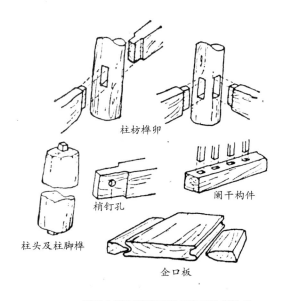

柱枋榫卯

梢钉孔

阑干构件

柱头及柱脚榫

企口板

浙江余姚河姆渡遗址的房屋榫卯构件

二、奴隶社会的建筑——夏、商、西周、春秋

在这个历史阶段，出现大量奴隶劳动，并开始使用青铜工具，尤其是春秋时期铁器和耕牛的使用，不仅使社会生产力水平有了很大的提高，也使建筑体系有了巨大发展，出现了宏伟的都城、宫殿、宗庙、陵墓等建筑。这时，以夯土墙和木构架为主体的建筑体系已初步形成，但前期在技术上和艺术上仍未脱离原始状态，后期则出现了瓦屋彩绘的豪华宫殿。

夯土技术、木构架承重、斗拱使用、院落式布局、屋顶用瓦，中国古代建筑的特点在这个阶段就已出现。另从陕西凤翔秦雍城遗址出土的春秋时期的砖和带有花纹的空心砖来看，我国在春秋时期已使用砖。

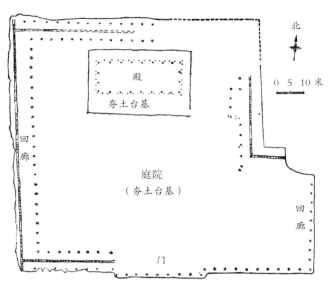

河南偃师二里头一号宫殿遗址平面图

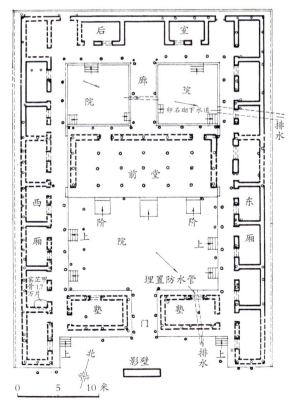

陕西岐山凤雏村西周建筑遗址平面图

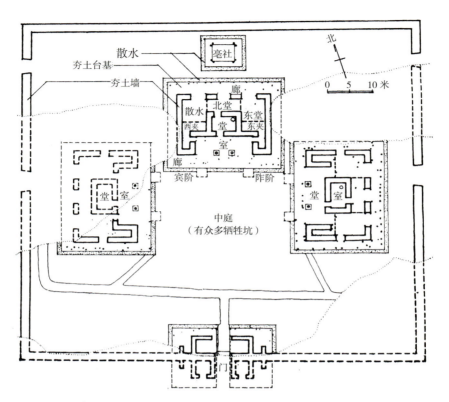

散水
夯土台基
夯土墙
毫社
北
0　5　10 米
廊
散水　北堂
西夹　堂
室
东堂
东夹
廊
宾阶　阼阶
堂　室
中庭
（有众多牺牲坑）
堂　室
廊
门

春秋时期秦国宗庙遗址——陕西凤翔马家庄一号建筑遗址平面图

三、封建社会的建筑

（一）封建社会前期建筑——战国、秦、汉、三国、两晋、南北朝

战国时高台建筑仍很盛行，在宫殿建筑上已广泛使用筒瓦、板瓦，而且有在瓦上涂朱色的做法，装饰用砖也出现了。随着农业和手工业的进步，建筑技术有了巨大发展，尤其是铁工具的广泛应用，促使木构架建筑的结构技术和施工质量大大提高。

秦统一六国后，扩建长城，大筑宫室，修建陵墓，建筑活动规模空前，历史上著名的阿房宫、骊山陵便是这一时期修建的，其遗址至今犹存，现存的广西兴安灵渠也是秦时开凿的运河。

汉代是我国古代建筑史上的一个繁荣时期，木构建筑渐趋成熟，砖石建筑、拱券结构有了发展。木构建筑虽暂无实物发现，但从汉代陶屋、画像石（砖）和现存的汉代石阙（如四川雅安东汉高颐墓石阙）来看，抬梁式和穿斗式木构架都已经形成，且已普遍使用斗拱；且屋顶形式多样，悬山顶、庑殿顶、攒尖顶、歇山顶也已应用。

三国两晋南北朝时期，社会生产发展较为缓慢，在建筑方面不及两汉时期繁荣，主要是继承和运用汉代的结构技术，而佛教的传入和兴盛则成为这一时期建筑活动发展的一大动力。这个时期突出的建筑类型是佛寺、佛塔、石窟。佛教的传入不仅带来了中亚、南亚一带的雕刻、绘画艺术，还影响了建筑体系的发展，使这一时期的建筑风格较汉代建筑风格变得更为成熟。遗存至今的有石窟、佛塔、陵墓等，如我国现存最早的佛塔——北魏时期建造的河南登封嵩岳寺砖塔。

秦时开凿的运河——广西兴安灵渠

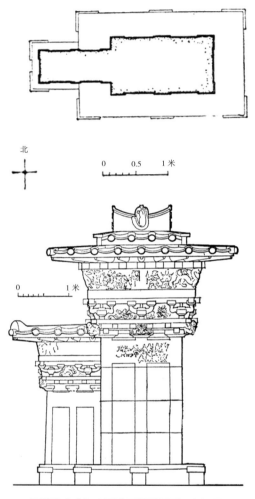

四川雅安东汉高颐墓西阙平面图、立面图

（二）封建社会中期建筑——隋、唐、五代、宋、辽、金

隋朝统一中国后，在建筑上主要是兴建都城，建造大规模的宫殿与苑囿，开凿南北大运河，修长城等。隋代遗存至今最著名的建筑物是河北赵县的安济桥，亦称赵州桥，这是世界上最早出现的空腹拱桥。

唐代是我国封建社会经济文化发展的巅峰时期，其建筑技术和艺术均获得极大的发展。唐都城规模宏大、规划严整，建筑群处理愈趋成熟——建筑群布局舒展、前导空间流畅，木构建筑解决了大面积、大体量的技术问题并实现了定型化；用材制度已经出现；建筑设计与施工技艺已臻于成熟，砖石建筑技术（主要体现在佛塔的建造上）有了进一步的发展；建筑艺术加工手法真实和成熟，繁缛装饰较少，琉璃瓦的使用虽较北魏时增多，但与使用较多的灰瓦、黑瓦相较而言要少。唐代木构架建筑的特点是气魄雄浑，严整而又开朗，华美而又纤巧，斗拱大而数量少，结构机能鲜明，出檐深远。我国唐代木构建筑遗存中已知年代最早的是山西五台山的南禅寺大殿（始建年代不详，重修于唐建中三年，即782年），现存最大的是佛光寺东大殿（重建于唐大中十一年，即857年）。

山西五台山南禅寺大殿

山西五台山佛光寺东大殿

　　五代时期的建筑主要是继承唐代传统风貌，创新较少，仅吴越、南唐时期的石塔和采用砖木混合结构的塔较唐代有所发展，如建于五代吴越时期的砖木混合结构楼阁式塔——江苏苏州虎丘云岩寺塔。

江苏苏州虎丘云岩寺塔

宋代的建筑水平达到了一个新的高度，城市结构和布局有了根本性的变化。宋代都城规划打破了唐代及以前的里坊制度，形成了按行业成街的商业城市。宋代建筑从外观到室内，都和唐代有显著的不同，其建筑风格趋向于精致绮丽，屋顶形式极为丰富多样，装修细巧，门、窗、勾栏等棂格花样繁多。宋代木构架建筑还采用了古典的模数制，北宋崇宁二年（1103 年）政府颁布了《营造法式》，内容包括了"以材为祖"的木作做法及各工种的料例功限，并附有图样，共 34 卷，作者是宋代的将作监李诫。虽然用材制度在唐代已有运用，但将其以文字形式确定并作为政府颁布的规范，则尚属首次。宋代的砖石建筑主要仍是佛塔，次之为桥梁。宋代建筑的代表性遗存如山西太原晋祠圣母殿（建于宋天圣年间）。

山西太原晋祠圣母殿

　　辽代建筑多仿自唐代北方传统建筑，使用了汉族工匠，因此大多数辽代建筑保留了较多的唐代建筑工艺，可看作是唐代建筑的延续。辽代建筑山西应县佛宫寺释迦塔（建于辽清宁二年，即 1056 年），俗称应县木塔，是我国独一无二的楼阁式木塔。虽然辽所辖区域的文化、技术较北宋而言要落后，但由此木塔的技术与艺术水平可以探知唐代、北宋中原地区木构建筑高超的建筑水平。金吸纳了宋、辽文化，工匠主要为汉族人，其都城——中都（今北京）便是仿照北宋东京城的规制而建，故金代建筑风格既沿袭了辽代的传统特征，又受到了宋代建筑艺术的影响，形成了宋、辽两种风格交织并存的独特风貌。如在辽代就开始出现的减柱、移柱建筑做法，在金代地方建筑中比较流行，而建筑装饰、色彩则较宋代要繁密华丽。

　　此阶段是我国封建社会的鼎盛期，也是我国古代建筑的成熟时期，在唐代更是达到巅峰。

山西应县佛宫寺释迦塔

（三）封建社会后期建筑——元、明、清（至 1840 年鸦片战争前）

元代，建筑的发展处于凋敝状态，其最重大的成就是新建了一座宏伟的都城——大都（今北京）。此外，这一时期的宗教建筑异常兴盛，出现了一些喇嘛寺院。元代木构架建筑仍继承了宋、金的传统，但用材变小，在规模和质量上要略逊于宋，木构架建筑趋于简化，用料及加工都较为粗放，主要表现为斗拱结构作用减退，用料缩小，用直柱、直梁而不用梭柱、月梁，柱与梁直接联结，多做"彻上明造"，减柱法仍在采用等。现存的元代建筑代表有山西洪洞县的广胜寺。

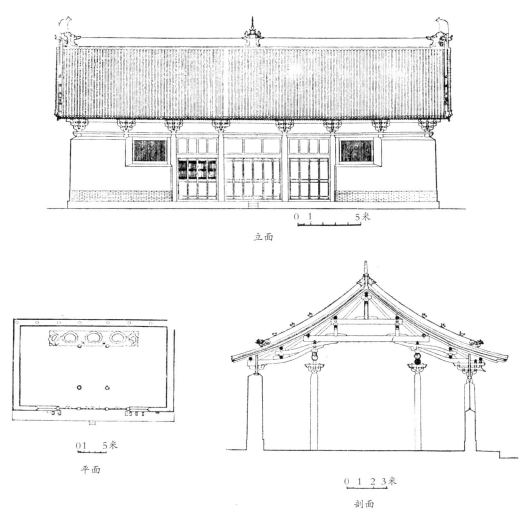

立面

平面

剖面

山西洪洞广胜寺大殿

明代初期定都南京，后迁都北京，北京城是在元大都基础上稍有南移而建成。随着经济文化的发展，明代建筑技艺也有了进步：制砖的数量与质量有了很大提高，民间建筑也普遍用砖砌墙；琉璃瓦质量提高，应用面更广；木构架建筑经元代的简化，到了明代，梁架的整体性加强，斗拱的结构作用减少，构件卷杀简化，这些趋向在明代已经普遍化、定型化。这个时期的官式建筑形象严谨稳重，不及唐、宋时期的舒展开朗，建筑装修装饰日趋定型化，建筑色彩色调鲜明、对比强烈，极为富丽。明代园林大盛，尤以江南地区最为繁荣，其特点表现为建筑物数量增加和用石增多。

清代定都北京，沿用了明代的都城宫室建筑法并加以完善。清代在建筑上沿袭了明代传统，最突出的成就表现在皇家苑囿的建造上，造园艺术达到了极盛期。清代藏传佛教兴盛，因此兴建了大批的藏传佛教建筑。清代的官式建筑在明代定型化的基础上，进一步通过官方规范形式加以确立和固定。清雍正十二年（1734年）由工部颁布了《工程做法则例》，列举了20多种单体建筑的大木做法，对用工用料也都作了明确规定，改宋式以"材"为模数的方法，以"斗口"为模数，简化了计算，标准化程度提高，有利于预制构件、缩短工期，程式化程度更高。这个时期的住宅建筑百花齐放、丰富多彩，涵盖民居、祠堂、会馆、书院等多种民间建筑。实物遗存方面，虽然尚有少量的明代建筑，但以清代为主。

元明清时期，元代建筑受宋代风格影响呈现出若干新的发展趋向，明清建筑则成为中国封建社会建筑的最后一个高峰。明代在建筑方面制定了各类建筑的等级标准，修建的紫禁城宫殿、天坛、太庙、陵墓等都是规则严整的杰出之作。明代中期还增修了长城。清初则在明代的基础上有所发展，但清中期以后的官式建筑则由成熟定型化转为程式化，建筑风格拘谨，构架呆板凝重；在园林、装饰、彩画等方面，则过分追求细致，导致堆砌烦琐、缺乏生气，但清代在造园艺术上的造诣和创造出体量庞大的汉藏混合式建筑，同样是值得肯定的发展。

经过漫长的封建社会，中国古代建筑逐步形成了一种成熟且独特的体系，在城市规划、建筑群布局、园林设计、民居建筑、建筑空间处理、建筑艺术与材料结构的和谐统一等方面，都展现出卓越的创造与贡献。直到今天，这些宝贵的经验与技术仍可供参考、借鉴。

（四）半殖民地半封建社会时期建筑（1840—1911 年）

清道光二十年（1840 年）的鸦片战争后，传统的官式建筑类型如宫殿、坛庙、陵墓等的建造基本上停滞了，但民间仍有相当大一部分建筑仍采用传统建筑材料、工艺建造，保持了传统的建筑风格和技艺，如寺庙、道观、民居、祠堂、会馆等建筑。

第二节　古建筑的主要建筑形式及结构常识

我国古建筑基本上是木构架体系，历经千百年的不断完善，已形成了一套完整的体系，与西方古典建筑的石结构体系相比，自有其独特的外观形式和构造原理。

一、明清时期的主要建筑形式

广西已知的现存古建筑绝大部分是明清时期的，其中清代建筑占有相当大的比重，其建筑形式多种多样，按屋顶形式归结，常见的主要有硬山顶、悬山顶、歇山顶、庑殿顶、攒尖顶五种基本形式。

（一）硬山顶

硬山建筑的屋顶有前后两坡，亦是五脊二坡，其与悬山屋顶的不同之处在于两侧山墙从下到上把檩（或桁）头全部封住，即硬山的山墙上不露出檩（或桁）头。这种屋顶在广西应用相当广泛，衙署、祠庙、民居等都有应用，如忻城莫土司衙署头堂、西林岑氏祠堂、南宁邕宁区五圣宫、昭平黄姚古镇吴氏宗祠、南宁扬美古镇民居等。

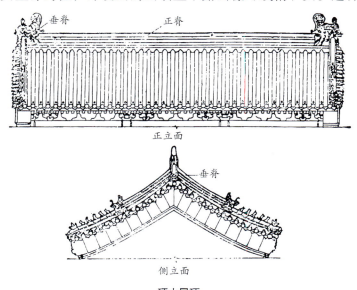

硬山屋顶

忻城莫土司衙署头堂

正面

侧面

西林岑氏祠堂

南宁邕宁区五圣宫

昭平黄姚古镇吴氏宗祠　　　　　　　　　南宁扬美古镇民居

（二）悬山顶

悬山建筑的屋面是两坡顶，五脊二坡，两山屋面悬于山墙或山面屋架之外，屋顶上的檩（或桁）端伸出墙或者木构架外，并钉以博缝板。此种屋顶在广西使用得不少，多见于民居中，如忻城莫土司衙署祠堂祭堂前的雨搭、玉林玉州区高山村某民居等。

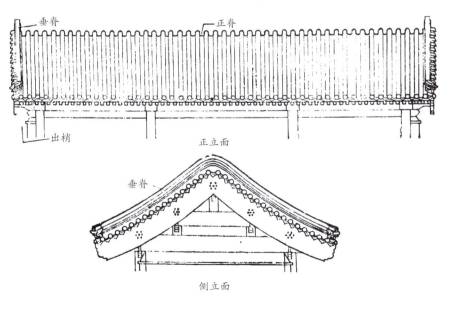

悬山屋顶

忻城莫土司衙署祠堂祭堂前的雨搭

玉林玉州区高山村某民居

（三）歇山顶

歇山屋顶也称四坡屋面，正脊的前后两坡是整坡，左右两坡是半坡，除正脊、垂脊外，还有四条戗脊，因此又称为九脊殿。从外部形式看，歇山建筑是庑殿建筑与悬山建筑的有机结合，如同一个悬山屋顶落在庑殿建筑上。歇山建筑在等级上仅次于庑殿建筑，也有单檐、重檐之分。它兼有庑殿建筑与悬山建筑的某些特征，相较于庑殿建筑，其在广西尚有一定数量的分布，在城楼、庙宇宫观、会馆、钟鼓亭，甚至民居中都有使用，如柳州东门城楼，全州关岳庙，北流文庙大成殿，恭城古建筑群武庙戏台、周渭祠门楼、湖南会馆戏台，横州伏波庙钟鼓亭，阳朔兴坪镇古民居等。

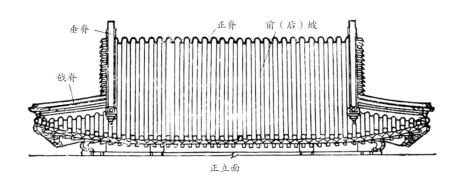

正立面

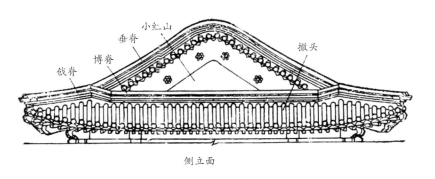

侧立面

歇山屋顶

柳州东门城楼

全州关岳庙

北流文庙大成殿

背面

侧面

恭城武庙戏台

恭城周渭祠门楼

恭城湖南会馆戏台

横州伏波庙钟鼓亭

阳朔兴坪镇古民居

（四）庑殿顶

庑殿是我国古代建筑所有殿顶中的最高等级，在等级森严的封建社会，常用于皇家建筑。这种屋顶构成的殿宇平面呈矩形，面宽大于进深，屋面有四大坡，前后两坡相交处是正脊，左右两坡与前后两坡相交成四条垂脊，分别交于正脊的一端，故又称为四阿顶、五脊殿。这种屋顶又有单檐（一层屋檐）、重檐（二层屋檐）之分。在北方宫殿中可常见到这种屋顶，如故宫太和殿等，而在广西现存的古建筑物中，此种建筑形式则较少见，主要见于牌楼类建筑，如全州蒋氏宗祠门楼牌楼。

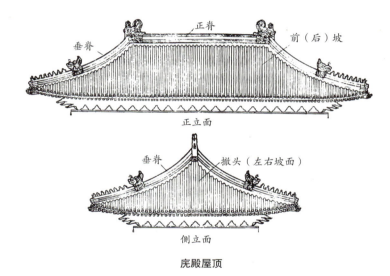

庑殿屋顶

北京故宫太和殿

正面

側面

全州蒋氏宗祠门楼牌楼

（五）攒尖顶

攒尖建筑的屋面在顶部交会为一点，即宝顶。攒尖顶有四角、六角、八角和圆形之分，甚至还有三角、五角的形式，不过较为少见。攒尖建筑也有单檐和重檐之分，攒尖屋顶多用于亭类和塔类建筑的顶部，如西林岑氏家族建筑群增寿亭、南宁武鸣区明秀园别有洞天亭、全州妙明塔、合浦文昌塔、桂平东塔等。

西林岑氏家族建筑群增寿亭

南宁武鸣区明秀园别有洞天亭

全州妙明塔

合浦文昌塔

桂平东塔

　　除前述常见的建筑形式外，我国古代建筑还有平顶、单坡顶两种简单的屋顶形式，一般出现在我国北方地区。此外还有勾连搭、工字顶、十字顶、盝顶、盩顶等多种不常见的屋顶形式，但实际上都是由上述的五种屋顶形式的组合变化而来。

勾连塔

工字顶

十字顶

盒顶

盝顶

不常见的屋顶形式

二、结构常识

广西古建筑的木构架主要有以下两种常见形式。

（一）抬梁式

抬梁式也称叠梁式，是一种梁架结构体系，水平构件为梁，竖直构件为柱。梁是受弯构件，即在台基上立柱，柱上支梁，梁上放短柱，其上再置梁，梁的两端直接承檩，这样层叠而上，在最上方的梁中央放置脊瓜柱承脊檩。

灵山大芦村古建筑群民居抬梁式梁架

这种结构在我国应用广泛，多用于官式建筑和北方民间建筑，其优点是室内少柱或无柱，可获得较大的空间；缺点是梁、柱等用材较大，消耗木材较多。重要建筑则使用斗拱承载出挑，主要构件为梁、柱、檩、枋。

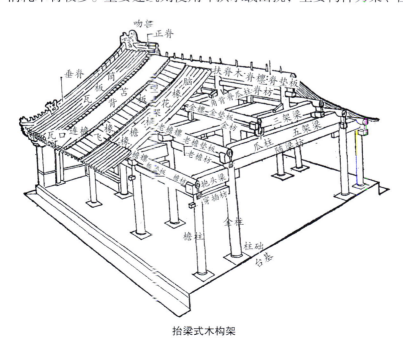
抬梁式木构架

（二）穿斗式

穿斗式又称立帖式，用柱距较密、柱径较细的落地柱与不落地的短柱直接承檩，柱间不施梁，而用若干穿、枋联系，并以挑枋承托出檐。

这种结构在我国南方地区使用普遍，其优点是用料较少，山面抗风性能好；缺点是室内柱密导致空间不够开阔。基本构件为柱、檩、穿、挑。

广西的古代建筑在实际中往往混合使用抬梁式和穿斗式，以适应不同的地势，这种混合梁架在广西古代建筑中十分普遍，如西林岑氏祠堂、忻城莫土司衙署寝堂、玉林文庙大成殿、钟山粤东会馆主座、平果果化苏维埃人民政府旧址主座等都是用抬梁与穿斗结合的混合梁架。

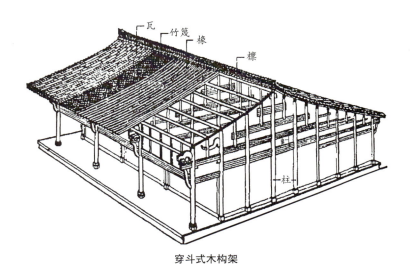

穿斗式木构架

全州柴侯祠后座穿斗木构架

西林岑氏祠堂混合架

忻城莫土司衙署寝堂混合架　　　　　　　　玉林文庙大成殿混合架

钟山粤东会馆主座混合架　　　　　　　　平果果化苏维埃人民政府旧址主座混合架

第三节　近现代建筑概况及举例

　　我国近现代建筑的认定年代为 1840 年至当代。1840 年鸦片战争后，我国传统的建筑类型如宫殿、坛庙、陵墓、古典园林等基本上都停止了建造，中国古典建筑体系在近代以来总体上步入发展的尾声，已逐渐淡出人们的视线，但从建筑数量上看，其仍然占据优势，广大的农村、集镇、中小城市等仍以传统建筑为主，延续千年的中国古典建筑形式依旧根深蒂固；此外，西方帝国主义的入侵，使得大批西方建筑陆续在我国出现，一些留学欧美归来的中国建筑师也把西方建筑的流行风格带了回来。从建筑发展趋势来看，近代建筑体系成为建筑活动的主流，这个时期我国建筑正处于承上启下、中西交汇、新旧接替的过渡时期。

一、近现代建筑概况

这一时期的建筑经历了五个发展阶段：

第一阶段是 19 世纪中叶至 19 世纪末。此为我国近代建筑活动的早期阶段，建筑活动有限，规模不大。随着西方近代建筑的大量出现和少量先进理念的引进，中国建筑逐渐打破了与西方近代建筑完全隔离的封闭状态。

第二阶段是 19 世纪末至 20 世纪 20 年代末。此阶段的建筑类型丰富，涵盖居住用房屋、公共设施、工业建筑等多类建筑，水泥、玻璃、机制砖瓦的生产能力逐步提升，施工技术和工程结构亦有较大的提高，钢筋混凝土结构被初步应用于建筑实践中。此阶段近代建筑体系已经形成，但绝大多数建筑的外观仍然沿袭当时西方流行的风貌。

第三阶段是 20 世纪 20 年代末至 20 世纪 30 年代末。此为我国近代建筑发展的重要阶段，是近代我国建筑活动的繁盛期，也是我国建筑师成长的活跃期。

第四阶段是 20 世纪 30 年代末至 20 世纪 40 年代末。由于受到战争的影响，此阶段建筑活动很少，建筑业较为萧条，是我国近代建筑后期活动的停滞期。

第五阶段是 20 世纪 40 年代末至当代。此阶段我国的近现代建筑以革命烈士墓及纪念设施为主，还有工业建筑、名人故居与旧居、医疗建筑、军事建筑、交通设施、水利设施等。

二、近代建筑举例

在广西，近代建筑尚有一定数量的遗存，诸如重要历史事件及人物活动纪念地，宗教建筑，名人故居、旧居，重要历史事件和重要机构旧址，文化教育建筑及附属物，传统民居，交通道路设施等类别的近代建筑都有相应的实物遗存。

桂平金田起义地址三界庙，清咸丰元年（1851 年）太平军前军指挥部设于此

北海近代建筑群涠洲盛塘天主教堂旧址，建于清光绪二年（1876年）

西林岑氏祠堂，建于清光绪五年（1879年）

北海近代建筑群德国领事馆旧址，建于清光绪三十一年（1905年）

东兰劳动小学旧址，建于清光绪三十二年（1906年）

陆川谢鲁山庄，建于1920年

梧州龙圩区李济深故居，建于1925年

梧州中山纪念堂，建于1928年

防城港谦受图书馆旧址，建于 1930 年

北海骑楼（珠海路民居），建于民国时期

北海骑楼（珠海西路 238 号、240 号、242 号民居），建于民国时期

南丹县六寨汽车站，建于 1934 年

第十一章
古生物常识

第一节　古生物学基本概念

古生物学是研究地质历史时期的生物及其演化的科学，其研究对象主要为地层中保存的地质历史时期的生物遗体和遗迹。古生物学作为地质学和生物学的交叉学科，为地层学、地质学、进化生物学提供了基础支撑，为博物学家对自然物的沉思增加了时间的维度。古生物是大自然留给我们的珍贵遗产，也是开启史前生命世界的钥匙，具有重要的科学价值。

地球形成与演化：地球作为太阳系的独立行星形成于约 46 亿年前。到了距今约 40 亿年前后原始地壳形成，地质时期开始。最初的地球只有岩石圈、大气圈和水圈，大约 35 亿年前开始了生物圈的演化。

古生物：分为古动物和古植物，古动物又分为古无脊椎动物和古脊椎动物。

化石：古代生物的遗体、遗物或遗迹，埋藏在地下变成的跟石头一样的东西。

化石的形成：古代生物死亡以后，大部分软体经破坏、腐烂后都消失了，只有其中一部分（主要是硬体）保存下来，被沉积物迅速掩埋，经过矿化、碳化和置换作用而形成化石，原来的组织结构没有改变。

古脊椎动物化石：古代脊椎动物的遗骸被沉积物掩埋，经过石化作用形成的化石。脊椎动物包括圆口类、鱼形类、两栖类、爬行类、哺乳类和鸟类。

人类化石：人科动物的遗骸被沉积物掩埋，经过石化作用形成的化石。包括早期直立行走的人科成员、匠人、直立人和智人的化石。

第二节 发现及研究概况

　　广西地处滨太平洋构造与特提斯喜马拉雅构造的结合地带，地质演化独具特色，多类型沉积构造、多旋回的构造运动形成丰富的地质地貌景观。在漫长的地质历史时期，广西境内历经多次海陆变迁。沧海桑田的变化，使广西自10多亿年以来的各时期地层发育齐全，各时期地层中保存的古代生物化石，揭示了生命在地质历史长河中进化的历程。广西自然条件优越，地形复杂多样，温暖的亚热带气候，充沛的降水量，使广西的生物种类繁多，独具特色，这里具有千百万年以来动植物天然的"避难所"，许多古老原始的类群得以在此保存下来。因此，广西是我国乃至世界上少有的研究自地质历史时期以来的地球生命现象的理想地区，能为我国乃至国际研究全球重要生命演化现象提供强有力证据。广西丰富的各时期地层，像一部巨厚的地球生命档案，记录下了这些史诗般的生命演化故事。

　　寒武纪地层分布及主要化石　寒武纪地层主要分布在桂东—桂东南地区的贺州、大瑶山、大明山及桂东南一带，桂北地区的钟山—柳州以北的广大地区，桂西地区的靖西、隆林和那坡一带。主要化石种类包括三叶虫、腕足类和海绵古针等。

　　奥陶纪地层分布及主要化石：奥陶纪地层主要分布在桂北、桂东南地区。化石种类以笔石为主，还有三叶虫、瓣鳃类、腹足类、苔藓虫、海百合等。

　　志留纪地层分布及主要化石：志留纪地层主要分布在桂北、桂南地区。主要化石种类包括笔石、腕足类、珊瑚、层孔虫和三叶虫等。

　　泥盆纪地层主要化石：广西泥盆纪地层发育完整，分布广泛，化石丰富，是研究我国乃至世界泥盆纪地层的理想地区之一。主要化石种类包括珊瑚、层孔虫、棘皮动物、腕足类、介形类、瓣鳃类，还有三叶虫、竹节石、笔石、菊石等。

　　石炭纪地层分布及主要化石：石炭纪地层发育完整，化石丰富，除九万大山至越城岭一带和大瑶山、云开大山外，其余地区均有分布。主要化石种类包括珊瑚、腕足类、筳类、菊石、层孔虫、苔藓虫、海百合茎、三叶虫、瓣鳃类和植物化石等。

　　二叠纪地层主要化石：广西二叠纪地层分布较广，发育完全，化石丰富，是我国二叠纪地层、古生物重要发育地区之一。主要化石种类包括筳类、菊石、腕足类和植物化石等。

三叠纪地层分布及主要化石：广西三叠纪地层发育齐全，广泛分布于桂西及桂西南地区。生物门类繁多，种属丰富。主要化石种类包括藻类、牙形刺、菊石、瓣鳃类、腕足类、珊瑚、海百合、植物化石及水生爬行类动物化石等。

侏罗纪地层分布及主要化石：广西侏罗纪地层分布不广，仅出露于恭城—宁明一线以东地区。化石生物群以瓣鳃类和植物为主，在防城江山半岛曾发现恐龙化石。

白垩纪地层分布及主要化石：广西白垩纪地层主要分布在桂东南及桂南地区，仅在桂北及桂中地区零星分布。生物各门类化石丰富，主要包括瓣鳃类、介形类、脊椎动物化石等。广西迄今发现的脊椎动物化石包括那派盆地巨龙化石和上龙化石，桂平社步盆地、横州市西津水库、藤县中和村及南宁郊区发现的恐龙化石等。

第三纪地层分布及主要化石：广西第三纪地层零星分布在桂东南、桂南及右江沿岸。主要化石包括脊椎动物化石、腹足类化石及植物化石，数量丰富。脊椎动物化石主要包括真骨鱼、犀牛、石炭兽等，植物化石以宁明盆地最新发现的化石为代表。

第四纪地层分布及主要化石：广西第四纪地层较发育，分布较广。主要为河流两侧的阶地沉积物和洞穴堆积物。哺乳动物化石极为丰富，且包含大量的人类化石和遗物。

第三节　古生物举例

广西古生物化石丰富、门类齐全，从震旦纪到第四纪地层中均有赋存。据统计，广西已发现的化石共计 11 个门类，超过 2000 个属种，动物化石计有原生动物、海绵动物、腔肠动物、腕足类动物、软体动物、节肢动物、棘皮动物、笔石动物、半索动物、鱼类动物、两栖类动物、爬行类动物、哺乳类动物和鸟类动物等，植物化石包括菌藻植物、蕨类植物、裸子植物、被子植物等，几乎涵盖了古生物分类的主要门类。

一、植物化石

植物化石指保存在地层中的植物体，经过石化作用形成的化石。主要包括植物的叶、茎、种子和花等。

植物叶片化石

二、无脊椎动物化石

顾名思义，无脊椎动物化石就是身体既不拥有也不发育脊柱的动物的化石。绝大部分的无脊椎动物化石埋藏在海洋地层中。

三叶虫：是一类已经完全灭绝的古代节肢动物，由于它的背部外壳横向可分为头部、胸部和尾部，纵向又明显分成一个轴部和两个肋部三个部分，因此得名。

笔石：是一类已经灭绝的海生群体动物。笔石动物所分泌的群体骨骼，常以压扁的炭质薄膜形式保存，这些化石形态很像铅笔在岩石上书写留下的痕迹，"笔石"一名因此而来。

三叶虫化石

笔石化石

海百合：是一类古生代开始一直到现代还繁盛的棘皮动物。由根、茎、萼和腕四个部分组成，从深海区到浅海区都可以生活。

珊瑚：属于腔肠动物，分为单体和群体，完全海生。奥陶纪地层以来的各个地质时期都有记载。化石相当丰富，常作为划分和对比地层的主要依据。

腕足动物：是一类海生固着单体动物，主要生活在浅海区。具有 2 枚左右对称的壳瓣，包围着软体。包括 2000 多个种，从古生代一直生活到现代。

菊石：壳形多为平旋，缝合线较为复杂。壳面光滑或饰有线纹、横肋、瘤刺等。生活在泥盆纪到白垩纪。

海百合化石　　　　　　　　　　　海百合茎化石

单体珊瑚化石　　　　　　　群体珊瑚化石

二叠纪腕足动物化石

泥盆纪石燕（属腕足动物）化石

菊石化石

三、鱼类化石

古代鱼类被沉积物掩埋后，其软体部分被迅速分解，但硬体部分如骨骼等，经过石化作用形成化石。

第三纪鱼类化石

生存于白垩纪的几种淡水鲨鱼牙齿化石

四、爬行动物化石

广西海洋中的爬行动物化石种类包括东方广西龙、鱼龙等，陆地上的爬行动物化石种类包括龟类、鳄类、恐龙类等。

鱼龙：鱼龙最早出现于距今 2.45 亿年的海洋中，一直延续到了 9000 万年前的白垩纪晚期才灭绝。鱼龙具有如现代海豚一般的优美流线体形、桨状的四肢和如同推进器般的新月形尾巴。

鳄鱼：广西鳄鱼化石主要发现于白垩纪和第三纪。发现的化石以牙齿为主。

隆林鱼龙骨骼化石

百色第三纪鳄鱼牙齿化石

恐龙：距今约 2 亿年的侏罗纪早期，恐龙开始在广西十万大山一带繁衍生息，之后在八桂大地繁盛兴旺了 1 亿多年。迄今为止，广西已发现的恐龙种类包括蜥脚类恐龙（真蜥脚类、巨龙形类和巨龙类）、兽脚类恐龙（肉食性和鱼食性）、鸟脚类恐龙（禽龙类和鸭嘴龙类）、剑龙类恐龙和角龙类恐龙等。

【防城侏罗纪恐龙】发现于防城港市江山半岛。中生代恐龙骨骼（或其他爬行动物骨骼）出露于紫红色砂岩或粉砂质、泥质岩层中。完整的骨骼具有一些特别的形状（关节头、关节面或带骨纹的骨面等），容易与不规则的岩石相区别；不完整的骨骼可以从断面特有的骨骼结构（蜂窝状的骨松质与同心层状的骨密质）来判断。

【南宁龙】发现于南宁市西乡塘区金陵镇大石村石火岭，人们在 20 世纪 60 年代进行水利建设时发现，由于当时不认识化石，大部分被毁。1990 年的发掘只找到了 20% 的鸭嘴龙骨骼，包括部分头骨、四肢和脊椎等。

【南宁龙上颌骨】上颌骨为三角形，齿槽有 26 个。

【南宁龙下颌牙齿】下颌齿菱形，只有一面发育釉质，釉面上还发育了 2 条近于平行的脊状结构。

防城侏罗纪恐龙背椎化石

南宁鸭嘴龙化石复原骨架

南宁龙上颌骨化石

南宁龙下颌牙齿化石

【**扶绥中国上龙**】属于兽脚类恐龙中的棘龙类，以鱼类为食，其凶狠程度远胜于当今的鳄鱼。牙齿长而尖利，横截面为圆形，牙面上发育有纵纹结构。

【**恐龙蛋**】埋藏于紫红色的岩层中。大小一般为十几厘米，形状多种多样，有圆形、椭圆形、长形。蛋壳很薄，表面具有麻点结构，不似鸡蛋壳般光滑。原地埋藏的恐龙蛋一般整窝保存。

扶绥中国上龙牙齿化石

扶绥中国上龙头骨复原图

长形恐龙蛋化石

圆形恐龙蛋化石

五、哺乳动物化石

广西发现的哺乳动物化石主要集中在第三纪地层和第四纪地层。第三纪地层产出早期哺乳动物化石的地点主要有百色盆地、南宁盆地和宁明盆地，化石种类包括了始剑虎、石炭兽类、犀类、猪类、鹿类、爪蹄兽类与灵猫类等。第四纪地层中哺乳动物化石异常丰富，主要埋藏于喀斯特洞穴地层中，化石种类包括灵长目、啮齿目、长鼻目、奇蹄目、偶蹄目、食肉目、食虫目、翼手目、兔形目等。

石炭兽：在田东等地的晚始新世地层发现了牙齿化石。上臼齿前尖和后尖压扁，前附尖和中附尖很强大，后小尖呈新月形，无原附尖。M^3跟座为单尖，P^3为长的三角形。

雷兽：是一类在始新世和渐新世繁盛的大型奇蹄类动物，主要分布在东亚和北美西部。大小接近犀牛和貘。

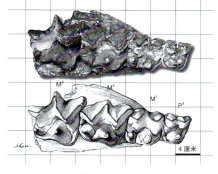

石炭兽牙齿化石

雷兽上牙齿列

　　猕猴：中国南方常见的化石种类。面部拉长并不明显，眶上圆枕发达，犬齿较大。M_3 比 M_1、M_2 大，有 5 个齿尖，臼齿有横脊相连，呈双棱状。下臼齿和上臼齿相似，但较狭窄。雄性犬齿强大。

　　长臂猿：长臂猿是猿类中的最小者，无尾。其头骨略呈卵圆形，眼眶四周凸出，眼眶上脊明显。在颌骨和牙齿的构造上，两性之间的差别不明显，两性的犬齿均发达且大小相等。上臼齿四尖显著，原尖最大，次尖最小，M^1 的原尖舌面有清楚的齿带。广泛分布在华南广大地区。

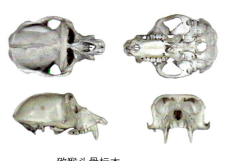

猕猴头骨标本

猕猴臼齿化石

长臂猿头骨标本

长臂猿臼齿化石

猩猩：两性差别表现明显，雄性头骨上的矢状嵴、枕嵴特别发达，臼齿齿冠咬合面有复杂的皱纹，犬齿明显突出。臼齿齿冠较低，咬合面磨耗严重的臼齿和早期人类臼齿化石较难区分。猩猩的牙齿化石常发现于华南更新世洞穴堆积物中。

巨猿：巨猿的下颌骨比任何古生物化石或现代的猿类、人类的下颌骨都硕大和粗壮。巨猿的上中门齿的舌面稍呈铲形，有明显的舌结节。下中门齿和下侧门齿的宽度远大于长度。有犬齿后齿隙。臼齿呈明显的方形齿。M^3 很短，齿带微弱，咬合面的嵴纹少且较粗；P_1 呈扇形，双尖型，有前后小凹。下臼齿的三角座较跟座更宽，有的齿冠基部有齿带。M_1 和人类一样有第六尖。迄今发现的巨猿化石地点包括早—中更新世的广西柳城、大新、武鸣、巴马、崇左和田东的么会洞与吹风洞，贵州毕节、重庆巫山、湖北建始，越南北部及上新世的印度北部。

猩猩头骨标本

猩猩下颌骨标本

猩猩臼齿化石

巨猿下颌骨化石

禄丰古猿：一种已经灭绝的大猿，主要发现于我国云南的中新世和上新世河湖相地层中，在泰国等地也有零星分布。雄性的头骨大而粗壮，雌性的头骨小而纤细。犬齿发达，锐利。上臼齿齿冠轮廓呈方形，有 4 个齿尖，颊侧的前尖和后尖较高且尖锐；舌侧原尖和次尖较低且钝。下臼齿有 5 个齿尖，舌侧的下后尖和下内尖，稍高于颊侧的下原尖、下次尖和下次小尖，排列呈 Y 形（又称森林古猿型）。在广西的第四纪地层中可能存在禄丰古猿的后裔。

豪猪：个体较大，颊齿有短根。牙齿经磨蚀后，一般有 5 个珐琅质环。

竹鼠：门齿粗而宽。没有前臼齿。臼齿齐全，有齿根。M_1 和 M_2 有两个外侧褶曲和一个内侧褶曲。而 M_3 在内侧有一个较小的后褶曲。

禄丰古猿下颌骨化石

豪猪头骨标本

豪猪臼齿化石

竹鼠头骨标本

虎：第三对门齿大于第一对和第二对门齿，犬齿相当大，内有两条棱脊，P^2 非常小，P^3 前尖相当弱，后尖相当发育，跟座明显。P^4 很大，分为三叶，前叶（前尖）最小，中叶（原尖）和后叶（后尖）大小几乎相等。M_1 小，略大于 P_2，呈次三角形；P_3 小于 P_4，P_3 上的前附尖很明显，后附尖弱，下跟座也弱；P_4 大小与 M_1 相当，下前尖和下后尖都相当发育，牙齿也分成三叶，中叶（下竹鼠头骨原尖）特别大。M_1 呈双叶形，前叶（下前尖）和后叶（下原尖）大小相近，下后尖非常弱，跟座也不发育。

狼：化石种一般比现生种小。上裂齿 P^4 的长明显大于 M^1 与 M^2 之和的长，M^1 后尖比前尖小且低，M^2 前尖、后尖几乎相等；P_4 短厚，下裂齿较短，M_2 稍延长。

鬣狗：是一类大型食肉动物。头骨中等长度。前臼齿粗壮，上臼齿退化。P^4 大大延长，前附尖强，后刃叶长。M_1 具有两个长的刃叶和跟座。上下第三对门齿均扩大。

虎头骨标本

虎犬齿化石

狼头骨标本

鬣狗上颌骨标本

鬣狗下颌骨标本

鬣狗臼齿化石

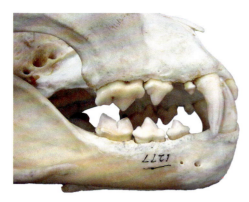

豹头骨标本

豹：与虎的区别仅在于个体稍小，下颌水平枝底界较平直，头骨吻部相对较短，脑颅后部稍抬高。广泛分布于华南地区更新世—全新世地层。

灵猫：头骨延长，颧弓强壮，眶后凸出，鼓室小。犬齿长，第一前臼齿小，P^4 具有大的前内尖；臼齿有 2 个，上臼齿横宽；下臼齿具有高的三角座和跟座。分布于亚洲早上新世—全新世地层。

猪獾：犬齿长，侧扁。P^2 和 P^3 双齿根，二者之间有短的齿缺，裂齿呈三角形，臼齿菱形；M_1 长，跟座呈盆状。

灵猫头骨标本

猪獾臼齿化石

猪獾头骨标本

猪獾下颌骨标本

大熊猫：头圆，颧宽，矢状脊高，吻短，颈长，尾短。犬齿退化；颊齿扩大，多瘤状；前臼齿复杂，臼齿低冠，齿带发达。M^1呈方形，M^2呈长三角形，后跟有泡沫状小尖。

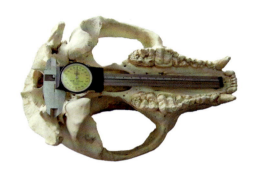
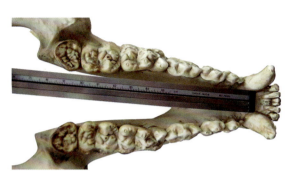

大熊猫头骨标本　　　　　　　　　　　　　　大熊猫下颌骨标本

大熊猫头骨化石　　　　　大熊猫下颌骨化石　　　　　大熊猫臼齿化石

黑熊：上颌犬齿大，呈圆锥形，内缘稍弯，前臼齿很小，裂齿具有 3 个小瘤状突，呈三角形排列。M^1有两对小瘤状突，横向排列；M^2长为宽的 2 倍。下颌中央一对门齿最小，呈锥形，向外斜。P_4后部中央无纵沟，裂齿内侧后面的齿尖与中央齿尖之间无小齿尖；M_2最大，呈长条形；M_3较小，近方形，有瘤状突。

乳齿象：臼齿齿冠大小中等，齿柱呈较高的圆锥形，连接成嵴状，上牙主齿柱及附齿柱均垂直于牙齿的长轴，齿嵴间谷部较窄。齿带不发达。分布于华南地区早更新世地层。

东方剑齿象：头骨高，臼齿长且较窄，低冠；乳突发达，为白垩质覆盖。广泛分布于华南地区更新世地层。

亚洲象：头骨较窄，中等长，顶较高。臼齿大小中等，咀嚼面呈长椭圆形，较宽；齿板排列紧密，齿峰频率为 7 ～ 8。齿板磨蚀为"点、线、点"或"点、点、点"的图形，进一步磨蚀则为呈长条形的齿峰盘。齿板间的谷比较窄，釉质层具有极密且比较显著的褶皱。广泛分布于华南地区更新世—全新世地层。

黑熊牙齿化石

黑熊犬齿化石

乳齿象臼齿化石

东方剑齿象牙齿化石

亚洲象牙齿化石

真马：头骨相对较大。上颊齿原尖长度中等，附褶较多。M₃ 原尖大且长，舌面无中间凹入。下颊齿后凹附褶多，双叶大致等大，下后尖呈圆形，下后附尖几呈长椭圆形。少量分布在华南地区早更新世地层。

真马上牙齿列化石

真马下牙齿列化石

黄昏兽：身体较大，介于貘和犀牛之间。齿冠增高，犬齿和第一臼齿缺失，外嵴强，形成 W 形；前附尖同外嵴相连，中附尖发育，第三下臼齿的下次小尖退化。趾骨高度特化。上臼齿呈方形，外嵴强烈向内凹；下臼齿下后附尖退化。在广西早更新世洞穴堆积物中有少量分布。

黄昏兽下臼齿化石

犀牛：是第三纪地层和第四纪地层中最为常见的哺乳动物化石种类之一。现生犀牛，即东南亚的苏门答腊犀、非洲的白犀和黑犀均生活在热带区域。总体特征为头低长，枕骨高，鼻骨向前游离伸出，上有一角，齿冠中等高，四肢多短且粗。前臼齿臼齿化，臼齿多具前刺及小刺；第三上臼齿具外嵴和原嵴，多呈三角形；下臼齿呈长方形，由弯曲的前后两叶组成。臼齿分化为嵴形齿，上臼齿呈Π形，下臼齿呈E形，由两个新月形构成。

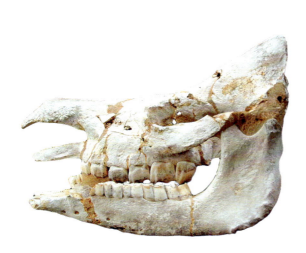

犀牛头骨化石

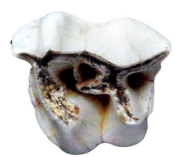

犀牛臼齿化石

貘：个体较大，四肢短。臼齿齿冠较低，构造比较简单。上臼齿由外嵴和前后横嵴组成，下臼齿有两个平行的横嵴。广泛分布于华南地区更新世地层。

貘上颌骨化石

貘牙齿化石

猪：面部窄长，眼眶圆，通常位于 M^3 上方。臼齿主尖的基本褶皱加深，珐琅质经磨蚀后形成复杂的花纹；附尖增大，分成两个横谷。后面的臼齿趋向增大，特别延长。除 P^4 外，前臼齿齿冠压缩成尖嵴。雄性上犬齿特别粗壮，外面向上弯曲。下犬齿粗壮，横截面呈三角形。其化石在华南地区第四纪堆积物中极其丰富。

丘齿鼹鹿：个体大，臼齿齿冠低，齿尖呈丘形，有明显的珐琅质褶皱。上牙有发育的内齿带。上臼齿近方形，前宽于后，有四尖，前尖和后尖呈丘形，原尖为不完全的 V 形，附尖发育。下臼齿较宽，向后渐次增大。在广西早更新世地层中有发现。

麂：个体小。角有两个分支，前支较短，向内弯；主支长，简单，不分叉，有向内弯曲的趋势。角节明显。上臼齿近方形，齿嵴呈新月形，上前臼齿有内外二新月嵴，无 P^1 和 P^1 通常缺失。下臼齿窄长。其化石在华南地区第四纪堆积物中极其丰富。

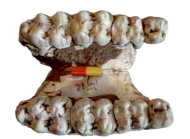
猪上颌骨化石

柳城丘齿鼹鹿牙齿化石

麂上颌标本

麂下颌标本

麂臼齿化石

苏门羚：个体较大，上臼齿近方形，新月形齿；下臼齿窄长，齿嵴呈新月形。上下第一前臼齿缺失。

牛：个体非常大，雌性、雄性都有角，角基分开，位于眼眶后很远处，额骨后缘的外角。颊齿齿冠很高，齿面覆盖有白垩质层，前臼齿列短，臼齿有齿柱，上臼齿外壁有非常发育的肋和附尖。

苏门羚头骨标本

苏门羚下颌骨标本

牛头骨化石

六、人类化石

广西的人类化石大多分布在第四纪河流和洞穴沉积物中，其中以洞穴堆积物中发现的人类牙齿化石为主，还有少量的骨骼化石。迄今为止，广西发现的人类化石多为晚期智人化石，早期智人和直立人很少或没有发现，其他人科化石也没有确切的化石记录。但是，广西自早更新世以来各个时代的洞穴堆积物发育完好，是中国乃至东亚地区寻找早期人类化石极有潜力的地区。人类化石的主要特征是直立行走且头骨脑量远大于其他猿类；上下齿列呈弧形，区别于猿类的 U 形；犬齿不发达，牙齿咬合面构造简单，上臼齿齿冠呈方形或菱形，具有 4 个齿尖，下臼齿齿冠轮廓呈方形或长方形，具有 4 个或 5 个齿尖。

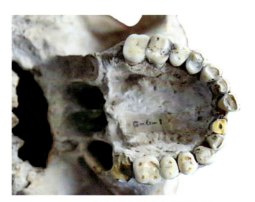

柳江现代智人上颌骨化石

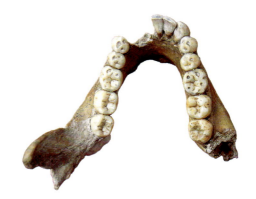

现代智人下颌骨化石

柳江现代智人头骨化石

崇左木榄山人下颌骨及牙齿化石

后 记

　　为做好第四次全区文物普查工作，让普查队员能够掌握广西的历史、考古等相关基础知识，有针对性地开展工作，提高普查效率，保证普查质量，根据第四次全国文物普查的新要求，在《广西第三次文物普查基础知识读本》的基础上，增补了部分内容，丰富及完善了考古新发现等专业知识。

　　本书的修订工作由吴兵统筹，林强、莫进尤、张进德等补充完善相关资料，广西科学技术出版社的编辑、校对人员做了大量细致的编校工作，在此谨表谢意。

　　本书的编写参考引用了不少相关著作、发掘报告、资料、照片等，由于篇幅、体例原因，无能一一列出单位、作者，在此谨对有关单位、作者对我们工作的理解及支持表示衷心感谢。

　　本书中的错误和不足之处，敬请读者批评指正。

编　者

2024 年 11 月

后记